本书获得国家自然科学基金青年项目"企业数字化转
影响全要素生产率的效应、机制及治理对策"（7210
会科学研究青年基金项目"数字基础设施影响企业全
效应、多维机制与情境差异研究"（21YJC790040）、山西省"1331"工程
山西财经大学工商管理一流学科建设项目（晋财教〔2021〕83号）的资助

科技人才集聚的
全要素生产率提升效应研究

RESEARCH ON THE EFFECT OF TOTAL FACTOR PRODUCTIVITY IMPROVEMENT
OF SCIENTIFIC AND TECHNOLOGICAL TALENTS AGGLOMERATION

郭金花 ◎ 著

经济管理出版社
ECONOMY & MANAGEMENT PUBLISHING HOUSE

图书在版编目（CIP）数据

科技人才集聚的全要素生产率提升效应研究/郭金花著．—北京：经济管理出版社，2022.6

ISBN 978 - 7 - 5096 - 8451 - 1

Ⅰ.①科…　Ⅱ.①郭…　Ⅲ.①技术人才—影响—全要素生产率—研究—中国

Ⅳ.①249.22

中国版本图书馆 CIP 数据核字（2022）第 087412 号

组稿编辑：杜　菲
责任编辑：杜　菲
责任印制：黄章平
责任校对：陈　颖

出版发行：经济管理出版社
　　　　　（北京市海淀区北蜂窝 8 号中雅大厦 A 座 11 层　100038）
网　　　址：www. E - mp. com. cn
电　　　话：(010) 51915602
印　　　刷：唐山昊达印刷有限公司
经　　　销：新华书店
开　　　本：720mm × 1000mm/16
印　　　张：13.25
字　　　数：210 千字
版　　　次：2022 年 8 月第 1 版　　2022 年 8 月第 1 次印刷
书　　　号：ISBN 978 - 7 - 5096 - 8451 - 1
定　　　价：88.00 元

·版权所有　翻印必究·

凡购本社图书，如有印装错误，由本社发行部负责调换。

联系地址：北京市海淀区北蜂窝 8 号中雅大厦 11 层

电话：(010) 68022974　邮编：100038

前　言

在中国经济由高速增长转向高质量发展的背景下，单纯依靠劳动力、资本等传统要素驱动的经济增长模式难以为继，通过创新驱动实现要素投入向结构效率转变，提升全要素生产率（TFP）将成为中国经济持续增长的必由之路。科技人才作为创新驱动发展的核心要素之一，在推动地区技术研发、加强技术吸收和提高技术成果转化能力方面扮演着重要角色，是促进全要素生产率增长最持久的动力来源。以往研究主要探讨了科技人才集聚的影响因素以及科技人才集聚对经济增长的影响，尚未深入考察区域科技人才集聚与全要素生产率增长的空间分异特征，更未系统剖析高质量发展下科技人才集聚结构及其对全要素生产率增长的影响与路径机制。科学地探究上述问题对于更好地贯彻落实创新驱动发展战略，提高区域科技人才资源配置效率，促进全要素生产率增长，进而实现经济高质量发展意义重大。

本书聚焦"科技人才集聚对全要素生产率增长的影响及作用机制"这一核心问题，选取 2005~2017 年中国 285 个地级市、30 个省份数据为研究样本，在深入分析中国科技人才集聚及全要素生产率增长的现状及时空差异特征的基础上，从科技人才集聚的区域异质性与区域内主体异质性两个维度探究科技人才集聚对全要素生产率增长的影响效应，并进一步揭示不同地区、不同创新主体间有效市场与有为政府对二者关系的调节机制，以及科技人才集聚影响全要素生产率增长的技术进步路径，以期为完善科技人才集聚空间治理机制、优化区域内科技人才集聚结构，进而促进全要素生产率增长提供理论依据与政策启示。具体地，主要内容与研究结论如下：

（1）构建了科技人才集聚影响全要素生产率增长的理论分析框架。本书在对高质量发展、科技人才及科技人才集聚概念界定的基础上，系统阐释了科技人才集聚影响全要素生产率增长的理论机制，指出区域科技人才集聚是促进全要素生产率增长的重要动力来源，地区市场机制与政府研发支持是促进科技人才集聚效应发挥的重要保障，自主研发、技术模仿及技术引进是科技人才集聚影响全要素生产率增长的实现路径，即从动力来源、保障机制与实现路径为二者关系的探究构建了一个全新的理论分析框架，为后文实证研究开展提供理论支撑和框架指导。

（2）明晰了区域科技人才集聚与全要素生产率增长的空间特征与演化规律。本书采用区位熵指数、Malmquist - Luenberger 生产率指数，测度了2005～2017 年中国不同区域尺度科技人才集聚与全要素生产率增长的现状。结果表明，中国科技人才集聚的空间不均衡特征明显，东部和其他部分经济发达省份科技人才集聚水平偏高，高集聚水平城市空间上呈"点状"分布；且邻域科技人才集聚水平对本地科技人才集聚的趋同演化影响显著，在不同邻域背景下，科技人才集聚的趋同演化规律不同；全要素生产率总体呈现波动增长趋势，东部地区增速明显高于中西部地区，增长核心区集中在京津冀、长三角等城市群，并表现出以区域中心城市为主的多中心辐射范围扩大趋势。

（3）揭示了区域异质性视角下科技人才集聚对全要素生产率增长的影响效应，并探究了不同地区有效市场与有为政府发挥调节作用的适度区间。通过构建面板固定效应模型及空间杜宾模型的实证研究表明，区域科技人才集聚对全要素生产率增长的影响存在倒 U 形关系，但大多数地区处于倒 U 形曲线左半边，即处于集聚效应占主导阶段，且空间溢出效应明显；不同地理区位、行政等级及经济发展水平的城市异质性特征明显：省会城市及一、二线城市等具有优势特征的城市尚未出现拐点，科技人才集聚能有效促进全要素生产率增长；非省会城市、三线及以下城市等二者呈倒 U 形关系，而西部地区城市科技人才集聚效应仍未显现；进一步采用面板门槛模型研究表明，地区市场化水平高于 0.8201 时，科技人才集聚对全要素生产率增长的促进效应明显增强；政府研发支持超过 0.0105 时，能有效发挥科技人才集聚对全要素生产率增长的促进作用。

（4）揭示了主体异质性视角下科技人才集聚对全要素生产率增长的影响效应，并探究了区域内各主体间有效市场与有为政府发挥调节作用的适度区间。通过构建面板固定效应模型及空间杜宾模型的实证研究表明，企业、研究机构与高校科技人才集聚均有利于促进全要素生产率增长，且企业科技人才集聚对全要素生产率增长贡献度最高；企业和高校科技人才集聚对全要素生产率增长具有明显空间溢出效应，而研究机构的空间溢出效应不明显。进一步采用面板门槛模型研究表明，地区市场化水平高于0.8208时，企业、研究机构与高校科技人才集聚对全要素生产率增长的促进效应明显；而政府研发支持的合理区间能有效强化高校、研究机构科技人才集聚效应发挥，企业尚未达到政府研发支持的门槛区间。

（5）剖析了区域科技人才集聚影响全要素生产率增长的技术进步路径机制。通过构建中介效应模型的实证研究表明，区域科技人才集聚可通过增强地区自主研发促进全要素生产率增长；科技人才集聚可提升地区技术模仿能力，但技术模仿抑制了全要素生产率增长；而技术引进路径在统计上不显著。考虑区域异质性，东部地区科技人才集聚可通过增强自主研发促进全要素生产率增长，而技术模仿和技术引进路径在统计上不显著；中西部地区科技人才集聚可通过增强自主研发促进全要素生产率增长，但技术模仿抑制了全要素生产率增长，技术引进路径在统计上不显著。考虑创新主体异质性，企业、研究机构与高校科技人才集聚均能通过增强自主研发能力促进全要素生产率增长；企业与高校科技人才集聚促进了技术模仿，但技术模仿抑制了全要素生产率增长，研究机构技术模仿路径在统计上不显著；三者的技术引进路径均在统计上不显著。

本书研究结论有利于各地区结合自身经济发展等制定相关的引才、育才政策，引导各地区科技人才合理集聚；有利于优化区域内企业、研究机构及高校科技人才集聚结构，增强产学研合作和资源共享，促进全要素生产率增长；有利于各地区充分发挥有效市场与有为政府对科技人才资源配置的调节作用，提高要素配置效率；有利于强化科技人才集聚与技术进步路径相适配，提升自主研发能力，实现经济高质量发展。

目　录

第一章
绪　论

一、研究背景与研究意义

（一）研究背景

改革开放 40 多年来，中国经济高速增长所创造的"中国式发展奇迹"主要依赖自然资源、低成本劳动力等传统生产要素投入驱动（Krugman，1994；Young，2000；马洪福和郝寿义，2018），以及政府主导型的投资驱动（蔡昉，2013）。2017 年 10 月，党的十九大报告作出中国经济已由高速增长转向高质量发展阶段，正处于转变经济发展方式、优化经济结构和转化经济增长动力攻关时期的重大决策部署，为缓解当前面临的增长效率不高、新兴产业核心技术缺乏及路径依赖难以突破等诸多问题（黄彦震和侯瑞，2019），中国经济增长必须从依靠传统生产要素和投资驱动为核心向全要素生产率支撑型模式转变（蔡昉，2013）。但近年来中国全要素生产率增速滞缓及其对经济增长的贡献明显不足（Islam et al.，2006；赵昌文等，2015；叶祥松和刘敬，2018），在这一背景下，如何通过提升全要素生产率，实现中国经济持续增长是当前迫切需要研究和解决的科学问题。

内生经济增长理论指出，区域经济增长差异产生的原因主要在于区域间存在创新差异（Grossman & Helpman，1990）。创新和技术进步是经济增长最持久的动力（Rosenberg，2006），而科技人才作为创新的主体，是提高国家创新能力，促进全要素生产率增长的核心要素。2010年，中共中央和国务院印发《国家中长期人才发展规划纲要（2010—2020）》，开始着手部署"人才强国"战略；党的十九大报告进一步强调创新是引领发展的第一动力，要加快建设创新型国家，亟须培养一大批具有国际水平的战略科技人才、科技领军人才、青年科技人才和高水平创新团队，以支持创新活动的迅速开展①。科技人才作为技术创新活动的直接参与主体，如何有效配置科技人才资源，是促进全要素生产率增长，实现经济高质量发展目标的重大战略问题（程惠芳和陈超，2017）。科技人才在区域内有效集聚是推动区域经济增长的重要因素（Faggian & Mccann，2009；Collings & Mellahi，2009），目前，中国各省均加入"人才争夺战"，将科技人才等资源的"争夺"摆在首位，积极创造各种有利条件及奖励政策吸引高素质科技人才等向本地区规模化集聚（孙文浩和张益丰，2019）。科学发现、技术发明和产业创新作为实现经济高质量发展的关键动因（金碚，2018），科技人才在推动地区技术研发、技术吸收和技术成果转化能力方面发挥着重要作用（辜胜阻，2019），科技人才集聚能够通过技术创新、知识外溢等有效提高本地及周边地区的生产效率（张斯琴和张璞，2017）。但总体而言，目前中国科技人才集聚对全要素生产率增长的贡献度较小，促进经济高质量发展的巨大潜能仍有待释放。

具体地，结合中国实践状况，2005~2017年，R&D人员总量规模逐年增加（见图1-1），截至2017年，R&D人员总量已由2005年的136.48

---

① 习近平：《决胜全面建成小康社会夺取新时代中国特色社会主义伟大胜利——在中国共产党第十九次全国代表大会上的报告（2017年10月）》，北京：人民出版社，2017年。

万增加到 403.36 万，为创新引领发展奠定了较好的要素基础。但在中国科技人才队伍持续壮大的背景下，却面临着科技人才区域非均衡配置、集聚结构恶化及部分地区科技人才集聚偏离最优结构等问题，不利于地区新旧动能转换及全要素生产率增长（孙文浩和张益丰，2019；马茹等，2019）。目前，中国科技人才空间集聚与分异特征明显，科技人才不断向东南沿海地区集聚，表现出"孔雀东南飞"现象（楚尔鸣和曹策，2019），结合图 1-1，2005~2017 年的 10 多年来，东部地区 R&D 人员总量呈现明显的逐年递增趋势，中部地区 R&D 人员总量也表现出了一定增长，而西部地区则增长不明显，以 2017 年为例，东部地区 R&D 人员全时当量占全国总量的 67.79%，而中西部地区 R&D 人员全时当量却仅占 32.21%。

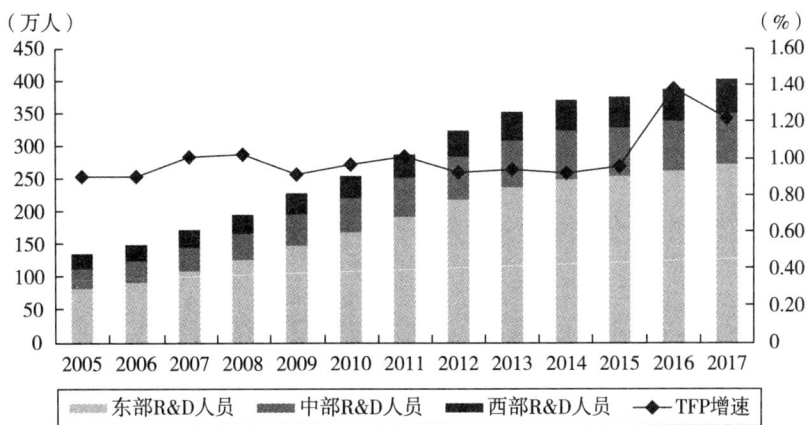

图 1-1 中国 2005~2017 年 R&D 人员数与 TFP 增速

资料来源：历年《中国科技统计年鉴》，根据测算结果绘制。

一个地区持续的经济增长主要通过提高经济增长质量来获取不竭动力，从根本上就是要提高全要素生产率（陈海波和刘洁，2008；王一鸣，2018），科技人才在推进技术研发、提高创新效率及推动区域全要素生产率增长方面发挥了重要作用（程惠芳和陈超，2017）。科技人才空间分布的这种不均衡将直接影响各地区的创新差异及区域均衡发展以及地区整体总体效率提高。有研究指出，以 R&D 人才、资本为代表的创新要素空间集聚有利于发挥集聚的规模效应与外溢效应（卓乘风和邓峰，2017；李婧和产海兰，2018），促进全要素生产率增长；而各地区科技人才、资本要素错配则会抑制生产率（Li et al.，2017），如科技人才及资本等要素冗余等易造成投入的边际产出下降，形成效率损失（郭淑芬和张俊，2018）。当然，要充分发挥科技人才集聚对全要素生产率增长的促进作用，必须正确处理好有为政府和有效市场的关系（陈云贤，2019）。党的十九届四中全会强调充分发挥市场在资源配置中的决定性作用，更好发挥政府作用，全面贯彻新发展理念，推动经济高质量发展；2020 年 4 月，中共中央、国务院《关于构建更加完善的要素市场化配置体制机制的意见》中指出充分发挥市场配置资源的决定性作用，畅通要素流动渠道，保障不同市场主体平等获取生产要素，推动要素配置依据市场规则、市场价格、市场竞争实现效益最大化和效率最优化⋯⋯更好发挥政府作用，健全要素市场运行机制，完善政府调节与监管，做到放活与管好有机结合，提升监管和服务能力，引导各类要素协同向先进生产力集聚。实践中，由于"趋优性"与"逐利性"，科技人才会向要素配置效率更高、边际收益更好和配置结构更完善的地区集聚（卓乘风和邓峰，2017）。单纯依靠市场力量难以实现科技资源配置最优化，若政府不作为，追求物质消费的研究人员将全部集中在应用技术部门（Chang et al.，2002；杨立岩和潘慧峰，2003）。因此，发挥好市场效率优势和政府制度优势对科技人才集聚效应的调节作用，使科技人才资源配置过程中市场更加"有效"、政府更加"有为"（陈云贤，2019；郑尚植和赵雪，2020），才能实现科技人才资源优化配置，促进全要素生产率增长。

综上所述，在中国经济由数量增长向质量提升转变的新阶段，全要素生产率增长毫无疑问地成为了促进区域经济发展质量持续提升的关键，而科技人才集聚在其中发挥着至关重要的作用。在有限的创新资源约束下，如何更有效地配置区域科技人才资源，是促进全要素生产率增长推进经济高质量发展的重要议题。因此，本书在系统阐释科技人才集聚影响全要素生产率增长理论机制的基础上，选取 2005～2017 年中国 285 个地级市、30 个省份数据为研究样本，探究科技人才集聚影响全要素生产率增长的时空特征、影响效应及其传导路径机制，以期为高质量发展背景下促进全要素生产率增长提供一定的理论依据与政策启示。

（二）研究意义

1. 理论意义

高质量发展下以区域科技人才规模化集聚带动地区技术创新进而促进全要素生产率增长等相关问题是优化创新资源配置领域的重要研究议题。本书从科技人才集聚视角出发，系统阐释了科技人才集聚影响全要素生产率增长的理论机制，能够对集聚经济、资源配置及全要素生产率增长等领域的相关理论进行补充和拓展。具体体现在以下方面：

第一，以科技人才集聚为研究视角，从区域异质性和主体异质性两个方面考察了全要素生产率增长的动力来源，拓展了集聚经济理论、资源配置理论等的理论边界，丰富了全要素生产率增长的动因分析理论体系。

关于集聚经济的研究主要集中于产业集聚方面，较少关注人才、资本等生产要素集聚可能产生的生产率效应，特别是从区域科技人才要素集聚角度探究全要素生产率增长影响机制的研究相对不足。实现中国经济高质量发展离不开大量、多层次的科技人才支撑，本书从区域异质性和主体异质性两个方面出发，考察了科技人才集聚影响全要素生产率增长的理论机制，能够对集聚经济理论、资源配置理论与全要素生产率增长理论等相关理论进行充实与完善。

第二，揭示了有效市场与有为政府对区域科技人才集聚影响全要素生产率增长关系的非线性调节机制，拓展了资源配置理论的应用边界。

科技人才资源作为区域间争夺的稀缺性资源，市场与政府作为科技人才资源配置的主要方式，深入考察地区市场化水平与政府研发支持对不同区域与区域内不同创新主体间（企业、研究机构与高校）科技人才集聚影响全要素生产率增长的调节机制，有利于拓展资源配置理论在提高科技人才资源配置效率，促进全要素生产率增长中的应用边界。

第三，揭示了科技人才集聚影响全要素生产率增长的技术进步路径，拓展了区域科技人才集聚影响全要素生产率增长路径机制的相关研究。

已有研究更多关注科技人才集聚的影响效应，却将科技人才集聚影响全要素生产率增长的作用路径看作一个"黑箱"，缺乏对科技人才集聚影响全要素生产率增长内部作用路径的系统探究。本书引入自主研发、技术模仿与技术引进三条技术进步路径，深入探究了科技人才集聚的技术创新效应，揭示了科技人才集聚影响全要素生产率增长的技术进步路径机制，以深入发掘二者有机互动的传导机制，拓展与丰富了技术进步相关理论。

2. 现实意义

推动全要素生产率增长和实现经济高质量发展本质上离不开科技人才驱动，"人才争夺战"反映出高质量人才对各地区经济结构优化、新旧动能转换的重要性。因此，准确把握各地区科技人才集聚现状与变化趋势、制定合理的人才引进政策以吸引科技人才集聚，对于充分发挥区域科技人才集聚的积极作用，进而促进全要素生产率增长具有重要的实践意义。具体体现在以下方面：

第一，有利于明晰中国各区域科技人才集聚现状与空间特征，为宏观把控、引导与优化各区域制定科技人才引进政策提供参考。

本书通过测度与分析各地区科技人才集聚水平、空间特征及不同区域背景下科技人才集聚的趋同演化规律，以期对中国科技人才集聚的现状与区域差异特征有更加清晰的认识，从而为各地区结合各自发展阶段制定相关的引才、育才政策，引导科技人才在各地区合理集聚提供政策参考。

第二，有利于各地区从区域科技人才集聚规模与区域内各创新主体集聚结构相互配合的视角出发提出优化科技人才集聚促进全要素生产率增长的政策建议。

本书聚焦于区域科技人才集聚对全要素生产率增长的影响关系，一方面探求不同类型城市科技人才集聚的最优规模；另一方面探求区域内异质性创新主体间（企业、研究机构与高校）科技人才的合理集聚结构，以揭示科技人才在促进全要素生产率增长中发挥的作用，从而为各地区地方政府部门优化科技人才集聚规模，实现科技人才"因数量增长而集聚"转向"因质量提升而集聚"，促进全要素生产率增长提供决策参考。

第三，有利于各地区明确有效市场与有为政府发挥作用的适度区间，为各地区把握好与增强市场效率优势和政府制度优势对科技人才集聚影响全要素生产率增长的调节作用提供决策参考。

本书通过分析不同区域及区域内异质性创新主体间有效市场与有为政府对科技人才集聚影响全要素生产率增长关系的调节机制，以揭示科技人才集聚影响全要素生产率增长差异的深层次原因，明晰不同区域与区域内异质性创新主体间有效市场与有为政府发挥作用的适度区间，使科技人才资源优化配置过程中市场更加"有效"、政府更加"有为"，进而可为优化科技人才资源配置效率、促进全要生产率增长提供决策参考。

二、研究目标与主要内容

（一）研究目标

本书紧紧围绕"科技人才集聚对全要素生产率增长的影响"这一主题展开，旨在明晰高质量发展下区域科技人才集聚与全要素生产率增长的现状特征，探索科技人才集聚对全要素生产率增长的影响效应与路径机制。本书的研究目标如下：

第一，明晰高质量发展下不同区域尺度科技人才集聚与全要素生产率增长的现状特征与空间分异格局，以期为各地区结合自身现状制定科学合理的科技人才引进政策、引导科技人才合理集聚提供政策参考。

第二，揭示区域异质性与区域内主体异质性视角下科技人才集聚对全要素生产率增长的影响效应，并进一步探究有效市场与有为政府对二者关系的调节机制，以期为优化科技人才资源配置效率、强化政府与市场对科技人才资源的协同配置、促进全要素生产率增长提供决策参考。

第三，剖析区域科技人才集聚影响全要素生产率增长的技术进步路径机制，以期从地区自主研发、技术模仿及技术引进三个方面揭示异质性区域与异质性创新主体间科技人才集聚对全要素生产率增长影响的传导路径差异。

（二）研究内容

本书围绕科技人才集聚对全要素生产率增长影响的理论机制与实证验证展开，按照"文献回顾—理论框架构建—现状特征描述—实证检验—研究总结"的顺序展开研究，主要研究内容安排如图 1-2 所示。

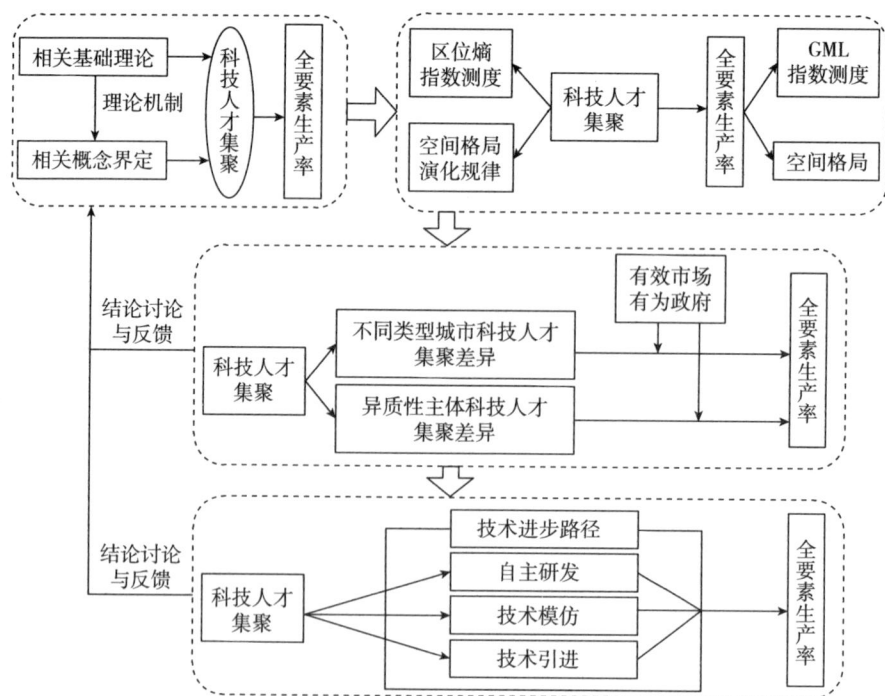

图 1-2 主要研究内容

研究内容一：科技人才集聚影响全要素生产率增长的理论机制。首先，梳理了中国人才战略的制度变迁，并在此基础上对高质量发展、科技人才及科技人才集聚等核心概念进行了界定；其次，构建了区域科技人才集聚影响全要素生产率增长的理论分析框架，从动力来源、保障机制及实现路径三个方面系统地阐述了二者的影响机制，为后文实证研究开展提供理论支撑和框架指导。

研究内容二：区域科技人才集聚与全要素生产率增长的空间分异特征及演化规律。分别运用区位熵指数法与 Malmquist – Luenberger 生产率指数法对 2005~2017 年不同区域尺度中国科技人才集聚水平与全要素生产率增长的变动情况进行测度，基于测度结果，分析了研究期内科技人才集聚与全要素生产率增长的现状特征、空间分异格局，并借助马尔可夫链方法揭示了不同科技人才集聚水平类型间的动态趋同演化规律。

研究内容三：从区域异质性视角出发，考察区域科技人才集聚对全要素生产率增长的影响效应，并进一步探究不同地区有效市场与有为政府对二者关系的调节机制。具体地，基于中国 285 个城市 2005~2017 年面板数据，将研究下沉到城市层面，实证考察了区域科技人才集聚对全要素生产率增长的影响及空间溢出效应；基于城市地理区位、行政等级及经济发展水平异质性分析了二者关系的差异；并进一步引入市场化水平与政府研发支持强度，实证探究其对区域科技人才集聚影响全要素生产率增长调节作用的适度区间。

研究内容四：从主体异质性视角出发，考察区域内异质性创新主体（企业、研究机构与高校）科技人才集聚对全要素生产率增长的影响效应，并进一步探究不同创新主体间有效市场与有为政府对二者关系的调节机制。具体地，基于 2009~2017 年中国 30 个省份的面板数据实证考察了企业、研究机构与高校三类创新主体科技人才集聚对全要素生产率增长的差异影响及空间溢出效应；并进一步引入市场化水平与政府对各主体的研发支持强度，实证探究其对异质性创新主体科技人才集聚影响全要素生产率增长调节作用的适度区间。

研究内容五：从自主研发、技术模仿与技术引进三个方面剖析区域科技人才集聚影响全要素生产率增长的技术进步路径机制。在研究内容三与研究内容四的基础上，基于 2009～2017 年中国 30 个省份的面板数据，采用中介效应模型从自主研发、技术模仿及技术引进三个维度实证考察了区域科技人才集聚影响全要素生产率增长的技术进步路径有效性，并进一步对异质性区域与异质性创新主体的技术进步路径进行了检验，以揭示其技术进步路径的差异性。

三、研究方法与技术路线

（一）研究方法

结合研究内容设计，本书综合运用了规范研究与实证研究相结合的方法，在文献回顾与理论框架构建方面运用了文献推演与逻辑演绎等方法，在实证研究方面运用了区位熵指数、Malmquist – Luenberger 生产率指数、面板固定效应模型、空间计量模型、面板门槛模型、系统 GMM 等计量模型，以确保研究结论的科学性与严谨性。

1. 文献推演与逻辑演绎法

本书通过对"人才集聚"、"集聚经济"、"全要素生产率"、"创新资源配置"等关键词检索，从 Web of Science、Google Scholar、中国知网、百度学术等权威数据库检索并获取核心文献，基于对相关文献资料筛选、整理与分析，明确并界定了科技人才集聚、全要素生产率增长等相关概念，系统梳理了国内外学者对全要素生产率增长及影响因素、科技人才集聚及影响效应等相关领域的研究脉络，以系统把握与本书研究主题相关的研究前沿，探寻现有研究中需要进一步完善和推进的方向。同时，基于文献梳理，本书通过演绎逻辑推演，构建了区域科技人才集聚影响全要素生产率增长的理论分析框架，为本书后续研究的开展奠定了相应的理论基础。

2. 区位熵指数法与 Malmquist – Luenberger 生产率指数法

本书通过构建区位熵指数对 2005～2017 年不同区域尺度科技人才集聚水平进行了测算，同时，基于松弛变量方向性距离函数（Slack – Based Measure，SBM）与 Mulmquist – Luenberger 生产率指数相结合测算了 2005～2017 年各地区全要素生产率增长的变化趋势。基于测度结果，进一步借助 Arcgis10.2、Matlab R2014a 软件等的编程及空间分析模块中的分析工具，对区域科技人才集聚与全要素生产率增长的空间分异格局与演化规律进行了可视化分析，以揭示各区域科技人才集聚、全要素生产率增长变动的现状特征与空间分异格局等。

3. 面板数据回归模型

（1）面板固定效应模型和空间杜宾模型。为从区域整体与区域内异质性创新主体两个维度实证检验科技人才集聚对全要素生产率增长的影响及空间溢出效应。一方面，采用面板固定效应模型、系统 GMM 模型等进行实证分析与稳健性检验；另一方面，通过 Moran's I 指数检验了科技人才集聚与全要素生产率增长的空间相关性，并基于构建的邻接权重矩阵、地理距离权重矩阵及经济距离权重矩阵，采用空间杜宾模型检验了科技人才集聚对全要素生产率增长的空间溢出效应。

（2）面板门槛模型。为揭示有效市场与有为政府对不同地区及区域内异质性创新主体间科技人才集聚影响全要素生产率增长关系的非线性调节机制，采用面板门槛回归模型，借助 Bootstrap 法反复抽样对二者门槛特征进行估计，并对不同门槛区间范围内有效市场与有为政府的调节效应进行了估计。

（3）中介效应模型。为实证检验科技人才集聚影响全要素生产率增长的技术进步路径机制，参考温忠麟和叶宝娟（2014）的做法，通过构建中介效应模型依次检验了地区自主研发、技术模仿与技术引进等技术进步路径的有效性，并进一步采用系统 GMM 模型进行了稳健性检验。

（二）技术路线

本书以 2005~2017 年中国 285 个城市与 30 个省份的相关数据为研究样本，在创新发展理论、集聚经济理论及资源配置理论等相关理论指导下，综合运用规范研究与实证研究相结合的方法，科学地探究了区域科技人才集聚对全要素生产率增长影响的理论机制、时空特征、影响效应及其传导路径机制。

第一，对高质量发展、科技人才及科技人才集聚概念进行了界定，并通过文献推演与逻辑演绎等构建了区域科技人才集聚影响全要素生产率增长的理论分析框架。

第二，基于测度指标选取，结合区位熵指数与 Malmquist - Luenberger 指数对不同区域尺度科技人才集聚、全要素生产率增长的变动趋势进行测度，并借助 Arcgis10.2、Matlab R2014a 等分析工具揭示了二者的时空分异特征与演化规律。

第三，从区域异质性与区域内创新主体异质性两个维度，结合面板固定效应模型、空间计量模型及面板门槛模型等实证考察了区域科技人才集聚对全要素生产率增长的影响及空间溢出效应，并进一步探究了有效市场与有为政府对二者关系发挥正向调节作用的适度区间。

第四，结合中介效应模型从自主研发、技术模仿及技术引进三个方面，考察了科技人才集聚影响全要素生产率增长的技术进步路径机制。

第五，归纳形成研究结论并提出政策建议。具体技术路线如图 1-3 所示。

逻辑结构	研究内容	研究方法

研究内容 下方：

现实背景与意义
• 高质量发展、创新驱动
• 创新资源优化配置

国内外研究动态梳理
• 全要素生产率测度及影响因素
• 科技人才集聚及其经济效应

问题提出

高质量发展下科技人才集聚的全要素生产率增长效应研究

理论机制

创新发展理论 → 集聚经济理论 → 资源配置理论 → 技术进步理论 → 区域不均衡增长理论

科技人才集聚影响全要素生产率增长的理论分析框架构建

中国人才战略政策演化梳理 → 概念界定
• 高质量发展
• 科技人才
• 科技人才集聚 → 理论框架 → 动力来源 / 保障机制 / 实现路径

文献推演法
逻辑演绎法
系统归纳法

现状特征刻画

科技人才集聚与全要素生产率增长的测度及时空格局

科技人才集聚测度及空间特征
• 区位熵指数测算
• 空间分异特征分析
• 时空趋同规律分析

全要素生产率测度及空间特征
• Mulmquist-Luenberge指数
• 全要素生产率测度指标体系构建
• 测度结果与空间分异特征分析

区位熵指数
Mulmquist指数
马尔可夫链方法
GIS技术

实证研究

科技人才集聚对全要素生产率增长的影响效应分析

区域整体层面 / 区域内异质性主体层面

科技人才集聚、区域异质性与全要素生产率增长
区域异质性分析 / 空间溢出效应分析 / 调节效应分析

科技人才集聚、主体异质性与全要素生产率增长
主体异质性分析 / 空间溢出效应分析 / 调节效应分析

固定效应模型
莫兰指数
空间杜宾模型
面板门槛模型
GMM、2SLS等

科技人才集聚影响全要素生产率的技术进步路径
自主研发 / 技术模仿 / 技术引进

中介效应模型
GMM等

研究结论

研究结论、政策建议及展望

系统归纳法

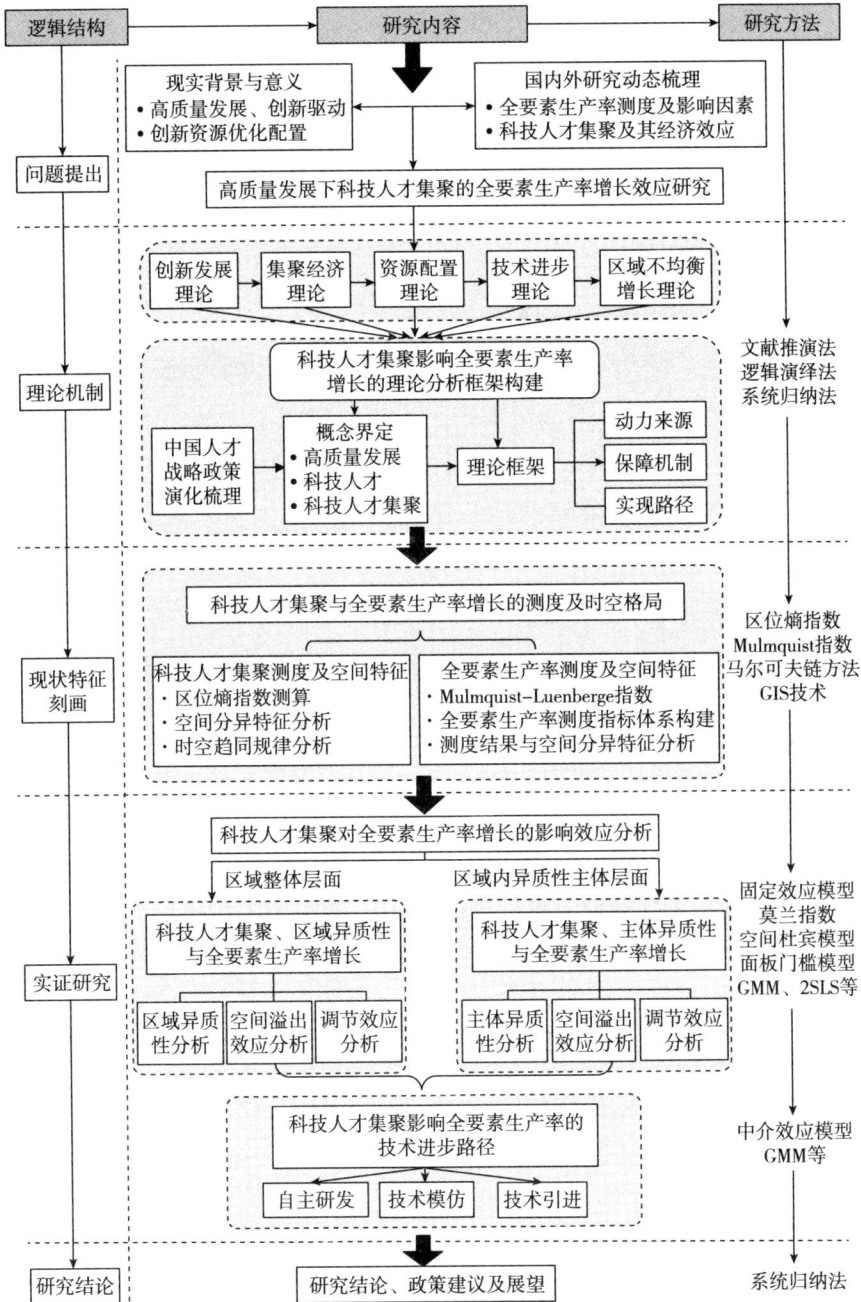

图1-3 技术路线

四、研究创新点

本书在梳理与借鉴相关研究成果的基础上，系统地探究了区域科技人才集聚对全要素生产率增长的影响效应及路径机制，力求能够有所突破与创新。创新之处主要体现在以下方面：

第一，探究了中国地市级尺度科技人才集聚的时空特征与趋同演化规律，可为地区科技人才集聚的动态演化及局部空间极化现象的产生给予解释。

现有研究多基于静态角度揭示了各地区科技人才集聚的空间分异特征，但对地市级尺度上科技人才集聚的时空演化规律反映较少，同时，忽视了空间因素影响下科技人才集聚水平随时间变化的动态演变特征。

本书对中国地市级尺度科技人才集聚水平测度的基础上，借助马尔可夫链与空间马尔可夫链方法，依据科技人才集聚水平均值将其分为低集聚水平、中低集聚水平、中高集聚水平和高集聚水平四种类型，通过 Matlab R2014a 软件进行系统模拟，得出 2005～2017 年科技人才集聚水平趋同演化的转移概率矩阵与条件转移概率矩阵，以揭示有无地理区位影响下研究对象前后年份之间的紧密关联及各地区所处邻域科技人才集聚水平对于本地区科技人才集聚水平趋同转变影响的演化规律，特别是在各地区科技人才集聚不均衡的情况下，可为地区科技人才集聚的动态演化及局部空间极化现象的产生给予解释。

第二，深入揭示不同地理区位、行政等级及经济发展水平城市科技人才集聚对全要素生产率增长影响的异质性，有利于不同类型城市对各自科技人才集聚水平的适度性进行甄别。

关于科技人才集聚的研究多基于省域层面，对科技人才集聚影响全要素生产率增长关系的探讨多从总样本提取一般性规律，将所有地区基于一个标准进行分析尚未取得一致性研究结论。从总样本展开分析易忽略各地区因地理区位、经济发展水平等差异造成的影响，城市作为科技人才集聚的适宜空间尺度，将研究下沉到地市级尺度深入阐释不同类型城市科技人才集聚对全要素生产率增长影响的异质性，能拓展二者关系的研究范畴且研究结论更具实践意义。

本书在全样本分析基础上，按不同地理区位、行政等级及经济发展水平进行细化研究，以探究区域异质性视角下二者关系的差异性。实证检验发现，省会城市及一、二线城市具有明显优势特征的城市科技人才集聚对全要素生产率增长促进作用明显，目前尚未出现拐点值；而非省会城市、三线及以下城市等低经济发展水平城市二者呈现倒 U 形关系，反映出这类城市尚未形成科技人才集聚促进全要素生产率增长的长效机制，易出现拐点。即验证了并不存在一个适用于所有地区的最优科技人才集聚规模，也并非每个地区在集聚一定量科技人才规模后均能释放出同样的集聚红利。

第三，辨识了科技人才在区域内企业、研究机构及高校等创新主体的集聚结构对全要素生产率增长的贡献度差异，并探究了有效市场与有为政府对各创新主体间二者关系正向调节作用的适度区间。

已有研究表明不同创新主体在 R&D 活动中侧重不同，从事的创新活动有所差别，而如何优化区域内企业、研究机构及高校等主体科技人才资源的配置结构以充分发挥各主体科技人才集聚结构红利，对促进全要素生产率增长至关重要。因此，在探讨科技人才集聚对全要素生产率增长的影响时，有必要对科技人才集聚的主体异质性特征进行一定的区分。

本书依据各创新主体在知识创造、产品研发等 R&D 活动中扮演的角色将其划分为企业、研究机构与高校三类，并在此基础上，揭示各主体科技人才集聚对全要素生产率增长影响的贡献度差异。同时，考虑到市场机制与政府研发支持对各创新主体的技术研发、成果转化活动开展的调节作用不同，进一步剖析了有效市场与有为政府对二者关系发挥正向调节作用的适度区间，为深入探究科技人才集聚影响全要素生产率增长关系提供了新的视角和思路。

第四，将地区技术进步路径方式分为自主研发、技术模仿及技术引进三类，剖析了区域科技人才集聚对全要素生产率增长影响的技术进步传导路径。

虽然现有文献从理论上指出科技人才集聚可以通过技术创新、知识外溢等影响集聚地的创新效率及经济增长等，但是在实践中为了更有效地发挥区域科技人才集聚对全要素生产率增长的促进作用，科技人才集聚通过何种技术进步路径影响全要素生产率增长，以及如何进行符合区域特征和创新主体特征的具体治理安排仍是一个有待打开的"黑箱"。

本书将地区技术进步路径方式细分为自主研发、技术模仿及技术引进三类，借助中介效应模型系统分析了区域科技人才集聚影响全要素生产率增长的技术进步路径机制，进一步对异质性区域（东部地区、中西部地区）、异质性创新主体（企业、研究机构与高校）的技术进步路径在科技人才集聚与全要素生产率增长之间发挥的中介作用进行实证检验，以揭示异质性区域与异质性创新主体间传导路径的差异。

五、本章小结

本章在对研究背景与研究意义分析与阐释的基础上，提出了本书的主要研究问题，即"科技人才集聚对全要素生产率增长的影响及作用机制"，在此基础上，对本书的研究目标与研究内容、研究方法与技术路线进行了系统思考与设计，并总结与归纳了本书的主要研究创新点。据此，从整体上回答了本书研究中"为什么"、"是什么"和"怎么做"的问题，为后文研究的详细开展奠定了扎实的基础。

早在19世纪末，以 Marshall 为代表的经济学家就关注到企业在地理上的集聚现象，并探讨了集聚所引起的成本节约、资源共享等对经济增长的影响。为全面了解国内外关于科技人才集聚与全要素生产率相关研究的理论基础与研究现状，本章基于对创新发展理论、集聚经济理论及资源配置理论等相关基础理论的梳理，从全要素生产率测度及其影响因素的研究进展、科技人才集聚及其影响效应的研究进展两个方面对相关文献进行了梳理，以系统把握与本书相关的研究脉络，并探寻现有研究中需要进一步完善和推进的方向。

一、相关理论基础

（一）创新发展理论

"创新"最早是由经济学家 Schumpeter（1947）提出的，他将创新视为一种"求异"的思维活动和实践过程，认为经济之所以不断发展，是因为在经济体系中不断地引入创新，不断地打破经济系统原有的均衡状态，形成了新消费品、新生产方法、新市场、新产业组织形式等生产要素和生产条件的新组合。管理学家 Drucker 指出创新是一种利用资源创造财富的新能力，并从宏观层面把创新细分为科技（或技术）创新、制度创新、管理创新、商业模式创新等多种类型。1982 年，Freeman 将技术创新定义为新设备、新工艺的首次商业应用或销售新产品等有关的设计、技术、制造、管理等一系列活动。

而最早将创新驱动作为经济发展一个阶段提出来的是 Porter（1990），他在 *The Competitive Advantage of Nations* 一书中把经济发展阶段划分为生产要素驱动、投资驱动、创新驱动、财富驱动四个发展阶段，即四阶段论。随后，世界经济论坛（WEF）在发布的《全球竞争力报告》中也对国家和地区经济增长阶段进行了划分，认为一个国家或地区的经济发展阶段可以划分为要素驱动、效率驱动、创新驱动三个主要阶段，即三阶段论（见表 2-1）。

表 2-1　四阶段论与三阶段论特征

四阶段论	各阶段的特征	三阶段论	各阶段的特征
生产要素驱动阶段	一般劳动力、自然资源等是主要驱动力量；主要满足低层次消费需求	要素驱动阶段	主要以外商投资引进和半成品加工技术学习为主
投资驱动阶段	大规模投资、改善技术装备成为支撑经济发展的主要因素；较低层次费需求；技术工人、专业人才增加；教育、研究机构等运行顺畅	效率驱动阶段	发展形式逐渐从吸收外来技术向学习吸收、改善外来技术转变
创新驱动阶段	更高级的基础建设、研究机构、大学体系形成；由满足温饱发展到和其他物质消费并重阶段；企业除改善生产方式外，本身具有创造力	创新驱动阶段	发展形式从改善外来技术向研发新型技术转变
财富驱动阶段	企业实业投资动机减弱，金融投资比重上升；部分企业试图通过操纵国家政策来维持原地位，大量企业兼并、收购是富裕导向阶段的重要迹象		

（二）集聚经济理论

已有关于集聚经济的理论尝试从不同视角出发挖掘集聚的作用机制与重要性，其中，最为经典的是 Marshall 的产业区理论与 Weber 的工业区位论。Marshall 早在 1890 年就注意到了产业集聚现象，在其著作 *Principles of Economic* 中界定了"产业区"这一概念，即那些集聚了大量专业化分工联系的相似小型企业的特定地区。他认为相互关联的产业在地区集中所带来的劳动市场共享（Labor Market Pooling）、投入共享（Input Sharing）和技术溢出（Technology Spillover）对降低成本、提高生产率及区域经济增长有重要作用。其中，劳动市场共享是指一定数量的厂商集聚在一起能够更便捷地提供产业技能所需要的劳动力供应，它有利于具有专业化技能的工人及各厂商；投入共享是指集聚可以提供该产业需要的种类繁多、成本低廉的非贸易投入品和服务，它能进一步满足分工专业化需求；技术溢出是指集聚使人力资本得到积累，信息交流更加便捷进而产生知识溢出，促进新技术、新思想产生。德国经济学家 Weber 是工业区位论的创始人与奠基者，最早明确提出了"集聚"概念。在《工业区位论》一书中，Weber 将区位因素划分为区域因素和集聚因素两大类，并认为运输成本、劳动力成本与集聚是影响工业布局的重要因素，企业成本可以通过这三个因素的组合达到最低，其中，集聚作为主要"优势"能够产生规模经济、节约交易成本、促进劳动力组织专业化。

20 世纪 90 年代以来，在日益完善的集聚经济理论指导下，众多学者从不同视角强调了集聚的存在性与重要性（见表 2 - 2）。

表 2 - 2　集聚经济理论相关的代表性观点

代表学者	核心观点	突出贡献
Marshall（1890）	从劳动力蓄水池效应、中间投入的规模经济和技术外溢三方面强调了集聚对降低成本、提高生产率的重要作用	较早关注到了工业集聚现象及其外部规模经济性

续表

代表学者	核心观点	突出贡献
Weber（1909）	工业区位受区域性因素和集聚因素影响，而后者对厂商选择区位更重要，多个厂商聚集导致的批量购买或出售能带来更多收益、节省更多成本	提出了集聚的概念，对集聚如何导致工业集中进行了阐释
Porter（1990）	对产业集群概念进行了论述，认为产业的地理集中是竞争导致的，产业集群的形成对产业竞争力和国家竞争力提升有重要作用	界定了集群的概念，阐述了集群的竞争优势
Jacobs（1969）、Glaeser 等（1992）	总结了 MAR 外部性、Jacobs 外部性、Poter 外部性理论，加入时间和产业等维度分析了产业专业化集聚、多样化集聚等与知识溢出、城市经济增长的关系	提出了同一产业集聚、异质性产业集聚等外部性溢出效应
Krugman（1991）	指出在规模经济、运输成本低、高制造业投入条件下，将会在地区形成专业化分工和产业集聚，并提出了制造业集聚的"中心—外围"模式	把产业集聚问题融入主流经济学研究范畴，并运用数学建模方法进行了证明
Duranton 和 Puga（2003）	指出经济集聚通过共享、匹配和学习三种机制作用于劳动生产率，分享包括设施与服务、中间投入品、专业化分工及收益等；匹配即匹配质量与匹配概率提高；学习包括知识生产、扩散及积累机制	提出了集聚经济的微观机制为共享、匹配与学习

（三）资源配置理论

资源的稀缺性决定了只有通过一定方式把有限的资源合理分配到社会各个领域，才能实现资源最佳利用，而效率作为衡量资源配置是否处于最优状态的描述，是古典经济学界与新古典经济学界探讨的核心问题之一。

古典经济学认为市场在资源优化配置过程中扮演着重要角色，1776 年 Smith 将市场发挥作用的机制总结为"看不见的手"，并在《国富论》中对这一观点进行了论述，认为在经济自由的条件下，市场机制能够进行自发调节并优化资源配置，即在市场经济体制中，通过市场利益的诱导，消费者与生产者分别依据效用最大化和利润最大化原则进行购买决策与销售决策，实现供给与需求均衡，进而引导资源向最有效率的方面配置。

与古典经济学不同，新古典经济学认为，只有在完全竞争性的市场环境下才能实现社会资源的最优配置。为此，新古典经济学通过设定"经济人"、"理性选择"行为、"市场完全性"等假设，并假定消费者偏好、生产技术、生产函数等外生既定的基础上进而分析各变量间的影响关系。其中，意大利经济学家 Pareto 提出了"帕累托最优"原则以分析资源配置是否处于最优状态，他认为任何一种状态的改变，只有使社会成员的福利增加，而不使任何一个人的福利减少时，社会福利才算真正增加。针对此，卡尔多、希克斯提出了"补偿原理"，即现实中一部分人福利增加而另一部分人福利减少的状态，一是可以通过改变让得者以一定的方式补偿失者损失，如政府通过对受益者征收特别税，对受损者支付补偿金使后者保持原福利地位；二是可以通过失者补偿得者，使得者不愿改变自身的福利状态，但这种状况一般不存在（见图 2 - 1）。

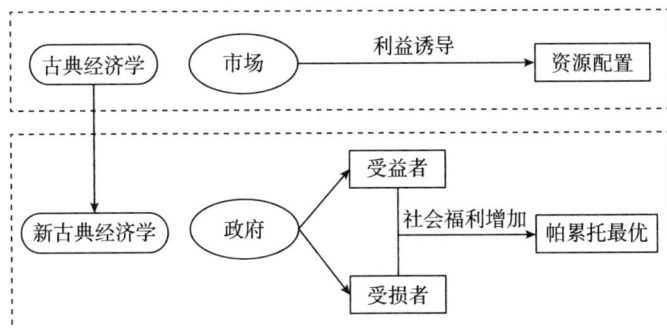

图 2 - 1　资源配置理论

（四）技术进步理论

以 Solow 等为代表的新古典学派，认为经济增长率取决于资本和劳动增长率、资本和劳动产出弹性以及随时间变化的技术创新，并在 *Technical Change and the Aggregate Production Function*（1957）一文中推算出 1909 ~ 1949 年美国制造业总产出中约有 88% 归功于技术进步因素。20 世纪 80 年代以来，以 Romer（1990）为代表的内生经济增长理论与 Lucas（1989）为代表的专业化人力资本积累理论，将人力资本内生化并纳入经济增长模型，把古典经济增长理论中的"劳动力"概念扩大到了"人力资本"概念，认为人作为生产率要素投入到经济活动中，其贡献大小既与劳动力数量有关，也与劳动力所受的教育、培训等相关，由此形成了以内生经济增长模型为主导的新经济增长理论，它揭示了人力资本与技术进步及经济增长之间的关系。其中，Romer 的内生经济增长理论将劳动、资本、人力资本及知识等因素纳入模型，并将经济部门划分为研究与开发部门、中间产品生产部门和最终产品生产部门；认为知识是影响经济增长的重要因素，知识主要依靠来自研究与开发部门的人力资本进行生产与创造。

随后，学者们就如何推进技术进步等进行了更为具体的探讨，可总结为两个方面：一是基于比较优势理论的要素禀赋说及在此指导下的主张以技术引进和技术模仿为主导的技术进步路径。部分学者提出了技术引进的适宜性（Basu & Weil，1998）、要素禀赋的匹配性（Acemoglu & Zilibotti，2001；林毅夫和张鹏飞，2005）等观点，如 Acemoglu 和 Zilibotti（2001）指出先发国家与后发国家的工人在技能及技术掌握与应用等方面差距较大，这是造成后发国家无法充分吸收先发国家的技术，进而导致技术引进失败的重要原因。二是基于竞争优势理论的技术赶超说以及在此指导下的自主创新为主导的技术进步路径。例如 Brezis、Krugman 等提出了技术赶超的"蛙跳"观点（Leap - flogging），认为技术变迁可分为技术重大突破和通过"干中学"来推进的普通的技术变迁两类，前者主要依靠国家力量推动，后者指已建立比较优势的发达国家长期在一个既有框架内逐步推进。

（五）区域不平衡增长理论

1. 赫希曼不平衡增长理论

Hirschman 指出，发展中地区应集中有限的资金和其他资源，有选择地发展某几类有带动作用的部门，通过其外部经济带动其他部门逐步发展。根据该理论，在资源有限的情况下，应结合自身的经济发展基础、区位优势等有重点、有差异地选择具有优势条件的部门或地区优先发展，形成"发展极"。落后地区资源有限，不可能大规模地投向所有部门，只能重点关注部分有带动性的部门优先发展，以缓解资本不足等问题。

2. 地理上的二元经济结构理论

Myradal 对回波效应与扩散效应进行了系统论述。认为回波效应是指发达地区（增长极）在发展过程中促使各生产要素向增长极回流与聚集进而不利于周围落后地区发展的现象；扩散效应是指发达地区（增长极）在发展过程中促使各生产要素在一定发展阶段从增长极向周围不发达地区扩散进而有利于周围落后地区发展的现象。事实上，实践中回波效应与扩散效应同时发挥作用，但 Myradal 认为在市场机制作用下，前者总是先于和大于后者，并在长期循环累积的过程中形成经济发达地区与经济不发达地区的"二元经济"结构，同时，政府可通过采取积极地干预政策弥补回波效应所导致的经济发展差距，以刺激增长极周围落后地区发展（见图 2-2）。

综上所述，就创新集聚与生产率等问题的探讨所涉及的领域广、学科多，以上关于创新发展理论、集聚经济理论及资源配置理论等为后续相关领域学者开展系统深入的研究奠定了重要理论基础与依据，与本书关于科技人才集聚与全要素生产率增长这一研究主题密切相关，为本书后续研究的开展奠定了理论基础。

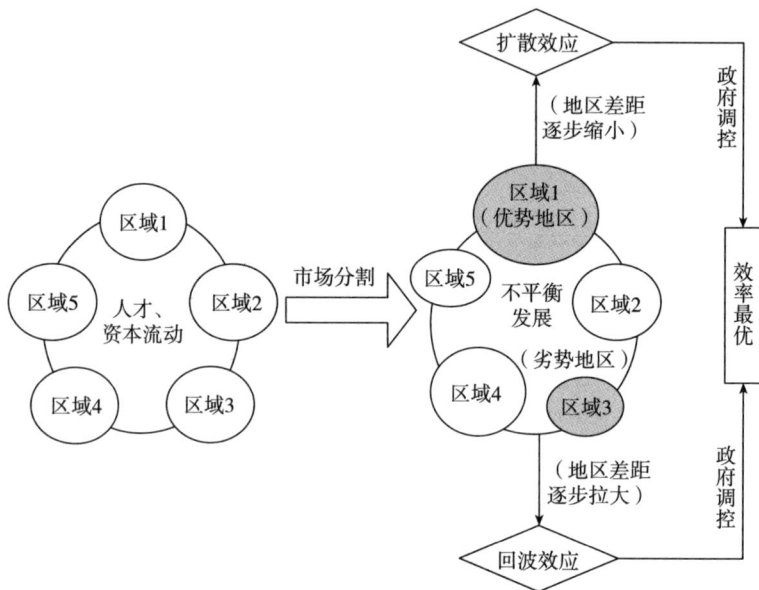

图 2 - 2 回波效应与扩散效应

二、全要素生产率测度及其影响因素研究进展

（一）全要素生产率的测度

全要素生产率测度了除资本、劳动以外其他所有要素对经济增长的贡献度，通过估算全要素生产率增长对产出的贡献率可以评估经济增长的质量（苗敬毅和闫绪娴，2014）。对全要素生产率的测算可追溯到索洛模型，Solow（1957）指出生产率增长中无法用劳动和资本增长率解释的部分余值，即为全要素生产率（也称索洛残值）；Färe 等（1994）认为，全要素生产率可分解为技术进步与技术效率两部分，前者表示生产前沿面的移

动，后者表示既定要素投入下实际产出与最优产出的比率。

关于全要素生产率测算分析的文献较多，但受研究问题、研究数据等方面的影响，学者们就全要素生产率测算方法、测算指标的选取等尚未达成共识且研究结论存在差异。就测算方法而言，主要包括索洛残值法、随机前沿生产函数法（SFA）、数据包络分析法（DEA）以及 OP 和 LP 方法等半参数方法，如（Olley & Pakes，1996；Levinsohn & Petrin，2003）。其中，索洛残值法、SFA 及 OP 和 LP 方法均仅适用于传统全要素生产率测算，要把能源消耗、污染排放等诸多投入产出变量以合理方式纳入考虑范畴仍有一定难度，而 DEA 方法不需要设定函数形式，能够更好地模拟实际生产过程，在一定程度上弥补以上不足（王兵等，2010；Cook et al.，2014）。就研究结论而言，李平等（2013）指出，中国全要素生产率增长较快，改革开放后中国的全要素增长率年平均超过 3%；而 Young（2000）、董敏杰和梁泳梅（2013）则指出，过去几十年中国经济的快速增长主要依靠要素和资本投入驱动而非全要素生产率提升，全要素生产率增长滞缓导致其对经济增长的贡献程度存在明显不足。此外，马洪福和郝寿义（2018）、刘华军等（2018）进一步指出中国全要素生产率增长的区域不均衡特征明显，整体呈现东部地区全要素生产率增长较快，中部地区次之，西部地区相对较慢的非均衡态势。

全要素生产率本质上是一种资源配置效率，如何促进全要素生产率增长一直都是学者们关注的重点。通过文献梳理，现有研究认为影响全要素生产率增长的因素主要包括产业结构调整、技术创新、资源优化配置、管理水平、政策法律以及其他随机因素等（Kendrick，1961；Kumbhakar，2000）。本书具体进行了如下方面的总结与梳理。

（二）产业集聚与全要素生产率增长

基于产业结构优化调整视角，余泳泽等（2016）、江永红和陈昇楠（2018）研究认为，产业结构服务化效率不高、缺乏核心技术、生产要素配置效率低下等是造成全要素生产率增速放缓的重要原因，而产业结构优化调整所产生的"结构红利"是全要素生产率增长的源泉（孙学涛等，2018）。例如，杨浩昌等（2018）指出制造业集聚与生产性服务业集聚均能通过促进知识、技术溢出等对全要素生产率增长发挥积极作用，且在贸易开放水平和劳动力教育水平较高的地区作用明显（Hashiguchi & Tanaka，2014）；CiesLik 等（2018）研究了集聚外部性与市场结构对乌克兰企业全要素生产率的影响，指出专业化集聚有利于促进全要素生产率增长，而多样化集聚则不利于全要素生产率增长；Jiaochen 和 Goetz（2018）研究指出，技术密集型产业更有可能从相关产业的多样化溢出效应中受益，技术强度较低的产业更有可能从区域专业化集聚的 MAR 溢出效应中受益；但刘玉浩等（2018）则指出，随着集聚规模的扩大，集聚区内企业将面临产品服务市场容量限制、生产要素价格较快上涨等问题，造成基础设施拥挤、争抢要素资源等现象，进而导致制造业效率下降。

（三）技术创新与全要素生产率增长

基于技术创新视角，Aiello 和 Cardamone（2009）、Bloch（2013）认为，实现经济增长由劳动力、资本等要素驱动转向全要素生产率驱动的关键在于技术创新，技术创新溢出具有明显的生产率提升作用。例如，余泳泽和张先轸（2015）从适宜性创新模式选择视角研究指出，当地区经济发展水平、要素禀赋和制度环境超过某一门槛值时，采取以自主研发为主的创新模式有利于促进全要素生产率增长，否则采取技术引进基础上的模仿性创新更有效；方文中和罗守贵（2016）基于 2008～2012 年高新技术企业数据研究指出，自主研发中的 R&D 人力资本投入和国外技术引进均对全要素生产率有促进作用；程晨（2017）研究指出，在知识产权保护制度不完善的背景下，同行企业间的技术创新溢出易导致企业技术模仿行为，这在一定程度上不利于企业自主创新，降低了创新效率和全要素生产率；马洪福和郝寿义（2018）对中国 28 个省份 1978～2015 年的数据分析得出，中性技术进步对 TFP 增长的贡献逐步提高，有偏技术进步呈现负向影响，中国经济增长要转向全要素生产率驱动型，关键在于技术创新。

（四）创新要素配置与全要素生产率增长

基于科技人才、资本等要素资源配置视角，学者们的研究主要聚焦于创新要素的区域配置、部门配置及创新主体配置差异等对全要素生产率增长的影响。例如，Aoki（2008）构建了基于行业数据的多部门核算框架，研究指出法国、意大利、日本和美国部门间的全要素生产率差异是资源配置扭曲导致的；Hsieh 和 Klenow（2007）基于制造业微观数据对中国、印度与美国的资本和劳动力错配程度分析指出，中国和印度资本、劳动力资源配置不当是导致其制造业全要素生产率低下的重要原因；孙晓华和王昀（2014）指出，过多地依靠应用研究和试验发展 R&D 人才、资本等投资并不是提高一国生产效率的有效途径，应充分重视基础研究 R&D 投入和积累对生产率增长的作用；Bengoa 等（2017）以西班牙 17 个地区为例，研究指出西班牙政府公共 R&D 投入会显著提高全要素生产率并且空间溢出效应明显；程惠芳和陈超（2017）把国内知识资本分为研发资本、人力资本、创新设施资本和技术资本，国外知识资本分为进口和 FDI 溢出知识资本，并基于 130 个经济体数据研究发现，人力资本和创新设施资本投入对全要素生产率的促进效果要远大于研发资本和技术资本；焦翠红和陈钰芬（2018）构建了包括 R&D 投入规模与研发主体间 R&D 配置结构计量分析模型，研究指出 R&D 投入规模对全要素生产率增长有抑制作用，相较于企业和高等学校而言，科研机构 R&D 配置份额的增加有利于促进全要素生产率增长。

综上，已有研究就全要素生产率增长的测度进行了大量有益探索，并从产业结构优化调整、技术创新及创新要素优化配置等方面对影响全要素生产率增长的因素进行了系统探究，为本书后续研究开展提供了丰富的证据与有益启示，但在创新驱动高质量发展背景下如何有效驱动全要素生产率增长，相关影响因素及具体路径机制的挖掘仍有待进一步完善与丰富。

三、科技人才集聚及其影响效应研究进展

（一）科技人才集聚测度及影响因素

1. 科技人才集聚测度的相关研究

早期，学者们对人才集聚现象的关注与研究主要依托集聚经济、产业集聚及人才资本集聚等。Marshall（1890）将专业人才的空间集聚作为产业集聚形成的原因，开创了人才集聚研究的先河；Glaeser 和 Matthew（2010）指出人力资本要素受到经济发展和空间异质性因素的影响形成集聚化发展，尤其是核心区域的快速发展会吸引其他区域的人力资本向该区域流动与集聚（Harvey & Groutsis，2014）；廖诺等（2016）、贺勇等（2019）指出区域人才数量积累提高了人才集聚度，进而形成了人才资本。部分学者指出人才集聚度是测度与衡量某一地区、产业或行业内人才集中程度的重要指标（廖诺等，2016），目前学者们主要采用单位面积上的人才密度、人才集聚区位熵指数、高学历人才或 R&D 人员占比等测度方法评价不同地区各类人才的集聚水平，也有部分学者通过构建指标体系从人才数量、人才质量等多个维度进行测度与评价，具体总结如表 2-3 所示。

表 2-3　人才集聚测度方法总结

维度	测度方法	代表学者
用人才密度衡量	单位面积上的人才密度方面，采用单位土地面积上的人才数量衡量人才集聚程度	Ciccone 和 Hall（1996）；Ciccone（2002）；刘兵等（2019）
	人才就业密度方面，采用科研、教育从业人员占总就业人员的比值衡量人才等要素集聚程度	张斯琴和张璞（2017）；张波（2019）

续表

维度	测度方法	代表学者
用人才区位熵 指数衡量	科技人才区位熵指数，即某地区 R&D 人数占该地区全部从业人数的比重，与全国 R&D 人数占全国全部从业人数比重的比率	Henderson（1995）； 陶长琪和周璇（2016）； 孙文浩和张益丰（2019）
	学历人才区位熵指数，即某地区专科及以上受教育程度就业人数占地区全部就业人数比重，与全国专科及以上就业人数占全国全部就业人数比重的比率	孙海波等（2017）； 张美丽和李柏洲（2018）；
用大专及以上 学历、R&D 人 员占比等衡量	采用"R&D 人数占全国 R&D 人数比重"、"大专以上学历人数占比"、"每百万人中金融、计算机服务和软件、科学研究等从业人员比值"等衡量人才集聚程度	卓乘风等（2017）； Florida（2002）； Karahasan 和 Lo'pez – Bazo（2013）
构建指标体系 多维度评价	从人才数量与人才质量维度构建评价指标体系，用"研究与试验发展活动人员"衡量科技人才数量；用"R&D 人员中具备中级及以上职称或博士学历的人员"衡量科技人才质量	赖一飞等（2016）； 冯南平等（2016）

借助如表 2-3 的测度方法，学者们主要就各地区高学历人才、科技创新人才等空间集聚规律与非均衡分布格局进行了分析。例如，Florida（2002）以大学本科人数作为衡量人才的具体指标，对美国各州的人才空间集聚特征进行了分析；Karahasan 和 Lo'pez – Bazo（2013）采用探索性空间分析描述了西班牙人才集聚于北部的特征；童玉芬和刘晖（2018）指出京津冀高学历人才集聚的空间关联性明显，初步形成了以北京与天津为核心、河北为外围的"中心—外围"集聚格局；王若宇等（2019）指出 2001～2016 年中国高学历人才集聚分布表现为东南高、西北低，热点区与次级热点区分布于京津冀和长三角地区；刘晔等（2019）指出中国区域创新产出以及科研人才分布存在严重的空间不均衡性。现有文献主要对学历人才及科技人才集聚的关注与分析较多，存在要素集聚、人才集聚及科技人才集聚等测度指标

混淆使用的现象，而进一步深入科学地描述科技人才集聚的时空变动规律及空间溢出效应，对于优化科技人才资源区域间配置具有重要的实践意义。

2. 科技人才集聚的内外部影响因素

通过梳理，现有研究主要从经济因素（包括地区的经济发展水平、工资水平以及产业结构等）、公共服务因素（包括高等教育、交通设施及文体与医疗卫生服务水平等生活便利度）、政策环境因素（人才政策、教育与科研重视程度等）、社会环境因素（城镇化水平、区域开放性、包容性等）四个方面分析了地区科技人才集聚与流动的影响因素（张美丽和李柏洲，2018；徐倪妮和郭俊华，2019；张波，2019；王若宇等，2019）。例如，Lawton 等（2013）将城市吸引并留住人才因素分为硬条件与软因素，前者包括公共服务设施、交通设施等，后者包括休闲娱乐设施、周边环境及公共开放式空间的可获得性等；徐倪妮和郭俊华（2019）指出良好的科研环境与经济发展水平有利于人才科研活动的开展和潜能的发挥；张波（2019）研究指出城市化和经济发展水平是人才空间聚集的主要驱动机制，但随着各地人才竞争的加剧，户口、财政补贴等非市场化机制成为人才空间聚集的关键因素。

然而，区域不仅需要集聚科技人才，更重要的是如何最大限度发挥区域内人才集聚效应。因此，也有部分学者开始关注影响科技人才集聚效应及配置效率的相关因素，如陈得文和苗建军（2012）指出地区经济发展水平对人才集聚效应发挥显著影响，在经济发展水平高的地区人力资本集聚效应明显，反之则可能导致人力资本流失；符建华和张世颖（2019）指出创新型人力资本对产业结构升级的作用存在市场化程度的门槛特征，在市场化程度超过门槛值后，促进作用明显提升。同时，也有学者指出，面对中国科技基础薄弱、科技研发资源相对短缺的现状，单纯依靠市场力量显然难以实现科技资源配置最优化（Chang & Cheema，2002），若政府不作为，追求物质消费的研究人员将全部集中在应用技术部门（杨立岩和潘慧峰，2003）。张斯琴和张璞（2017）指出考虑政府公共支出作用时，创新要素集聚对城市生产率的影响系数大为减小；Ahrend 等（2017）以 OECD 5 个国家为研究样本，研究表明政府治理结构碎片化的城市生产率水平往往较低。综上可知，人才集聚效应能否很好发挥，区域经济发展水平、市场化程度、政府公共支出等方面发挥了重要的调节作用，很显然已有文献就这方面的系统探究仍较缺乏。

（二）科技人才集聚与经济增长

学术界关于人才集聚与经济增长关系的讨论主要存在两种观点：一种观点认为，人才是促进经济增长的决定因素，人力资本集聚对区域经济发展发挥了重要作用（Faggian & Mccann，2009）。Lucas（1988）、Romer（1990）等较早将人力资本内生化并纳入经济增长模型，强调了人力资本积累是促进经济增长的重要因素；Francis 和 Doucouliagos（2000）通过格兰杰因果检验发现，美国人力资本促进了经济的增长，同时，经济增长也为人力资本的形成与积累提供了良好条件；Thomas（2011）通过采用跨国、跨区域的数据研究指出，中国经济的持续增长离不开大量丰富的人力资本支撑；牛冲槐等（2010）指出，科技人才聚集到一定程度会产生集聚规模效应，同时可利用其所拥有的知识、技术作用于其他生产要素，带动非科技型人力资本发挥作用，进而促进该区域的经济大幅增长。有学者测算了其对经济增长的贡献度，如刘璇和张向前（2015）通过修正的柯布—道格拉斯函数测算发现，中国科技人才在经济增长中的贡献度偏低；Hsieh 等（2019）结合 Roy 理论模型基于职业分布数据研究发现，人才错配改善对美国经济增长的贡献率约是25%；贺勇等（2019）构建了"人才集聚—人力资本—经济增长"转化链，经测算后指出人才集聚度较高的区域，经济增长贡献度也较高，北京等 9 个地区人才资本贡献率超过 35%。

另一种观点认为，人才集聚与经济增长并非简单的促进作用，而是表现为非线性特征。例如，Williamson 和 Jeffrey（1965）指出，生产活动空间集聚在初期对经济效率具有显著正外部效应，但随着集聚进一步加强，越过集聚门槛值后呈现边际递减趋势，甚至由于拥挤效应导致集聚负外部性渐增，这就是威廉姆森假说；Brülhart 和 Sbergami（2009）指出在达到某个集聚程度之前，集聚有利于经济增长；刘兵等（2018）以京津冀为研究对象发现，科技人才集聚对区域经济发展在前期的促进作用明显，后期则减弱；王静文和王明雁（2019）指出劳动力集聚与经济增长存在倒U形关系，二者的作用机制主要通过正向的本地市场效应、知识溢出效应及负向的市场竞争效应等实现；孙文浩和张益丰（2019）研究指出，中国科研人才集聚对高技术产业集聚与传统产业集聚的影响符合威廉姆森假说。

（三）科技人才集聚与技术创新

科技人才作为提升科技创新能力不可或缺的要素，一方面，其投入力度及人才资本积累可直接影响科技创新能力的高低，进而促进经济增长（Aghion，1998；Subotnik & Rickoff，2010）；另一方面，也可以促进其对国外新技术的吸收与学习速度，间接拉动经济增长（Benhabib & Spiegel，1994）。例如，Florida（2002）指出人才不断集聚于城市，会吸引更多的高新技术企业进入并对该地区的创新发展产生推动作用；赵淑渊等（2012）指出，科技人才聚集对区域创新能力的提高有着强正相关关系；杜伟等（2014）指出，人力资本主要通过技术创新、技术模仿间接作用于经济增长，且大部分省份的人力资本水平与技术引进路径相匹配（孙鲁云和何剑，2017）；纪雯雯和赖德胜（2016）指出，高等教育人力资本促进创新的机制是将其配置到更有效率的非国有部门；葛立宇（2018）研究指出，人才配置在地区要素市场扭曲和创新强度之间存在中介效应，要素市场扭曲程度越深，人才越倾向配置于非生产性部门，而人才错配显著抑制了地区创新强度；徐彬和吴茜（2019）、孙红军等（2019）认为，科技人才集聚所带来的技术创新效应具有流动性且存在外溢的可能，他们研究发现，科技人才集聚对技术创新影响的区域内和区域间空间溢出效应均为正；谭莹和李昕（2019）分析了含科研机构的公共部门与私人部门的人才两部门配置，指出人力资本配置的优化可以有效提高全社会的创新水平。

（四）科技人才集聚与全要素生产率增长

专门就科技人才集聚与全要素生产率增长关系的研究相对较少，相关研究主要集中在以下方面：一是创新要素集聚对创新效率、地区生产率的影响。例如，邓智团和宁越敏（2011）以长三角地区16个城市为实证对象，研究指出要素集聚的规模效应、集聚效应以及相应的专业化带来的技术进步效率对城市生产率影响显著；邹文杰（2015）研究指出，研发效率提升主要取决于研发人员、研发经费等研发要素集聚水平与研发投入强度，研发投入力度越大，研发要素集聚对研发效率的提升作用就越明显；卓乘风等（2017）基于2005～2015中国省际数据研究指出，R&D人员、R&D经费等创新要素集聚对地区创新绩效均存在显著的非线性边际效应，在集聚过程中存在最优集聚规模。

二是部分学者将人才因素剥离，深入分析了科技人才、创意阶层等不同类型人才及其集聚对地区生产率、全要素生产率增长等的影响，但鲜有研究对二者互动关系的路径机制进行深入探究。例如，Yassser和Frederic（2006）结合美国1948～1997年的数据，研究发现科技人力资源对于促进生产率增长有着积极作用；Florida等（2008）以美国331个城市为实证样本，研究指出创意阶层集聚对城市劳动生产率增长的促进作用明显；Glaeser和Matthew（2010）指出，人力资本集聚增强了高技能人才间的交流与学习，进而产生知识溢出，带动了劳动生产率提升；洪进等（2011）指出创意阶层空间集聚可通过促进地区技术创新、城市化水平提升和产业结构优化等对地区劳动生产率产生影响；Oliver（2015）基于内生增长理论及其扩展模型，强调在丰富人力资本积累的基础上应提升创新水平和企业技能，并通过加强二者的良性循环，不断提高社会生产效率；修国义等（2017）发现科技人才集聚规模与区域科技创新效率显著正相关；张斯琴和张璞（2017）以京津冀蒙21个城市为研究对象，借助空间杜宾模型的研究表明，科研人员集聚对本地以及周边地区城市生产率具有显著贡献；Otsuka（2017）的研究表明人口集聚和交通网络的发展是促进全要素生产率增长的重要因素，人口集聚对全要素生产率增长贡献最大的是大东京地区；马茹等（2019）研究指出，中国目前面临科技人才占比偏低及区域非均衡配置等问题，科技人才对全要素生产率提升幅度总体较小。

三是少部分学者关注了科技人才在不同部门间集聚差异对全要素生产

率增长的贡献不同。例如，王春杨和孟卫东（2019）研究指出，基础研究人员向科研机构集聚的结构对区域创新增长的边际产出较高，而相比科研机构，基础研究人员向高校和企业集聚的边际贡献相对较弱；王启超等（2020）基于金融业—制造业人才配置的角度指出，有限的人才资源过度配置到金融业显著降低了制造业的全要素生产率。

四、文献述评

综上，国内外学者对全要素生产率增长及其影响因素、科技人才集聚及影响效应相关的前期探索与研究取得了较为丰富的成果。一方面，已有文献从不同视角对全要素生产率进行了测算与分析，并系统探讨了产业集聚、技术创新与创新要素配置等对全要素生产率增长的影响；另一方面，关于科技人才集聚及影响效应的研究方面主要集中在高学历人才、科技人才等各类人才集聚的测度、影响因素分析，同时也有文献研究了科技人才集聚对经济增长、技术创新及全要素生产率增长等的影响。这些成果为本书研究的深入开展提供了丰富的研究基础和有益借鉴，但总体而言，仍存在以下不足需要进一步完善：

第一，已有研究从产业集聚、技术进步及创新要素配置等多个方面探究了如何促进全要素生产率增长这一重要问题，但鲜有文献从科技人才集聚视角对科技人才集聚影响全要素生产率增长的理论机制与经验证据进行系统探究。科技型人才集聚与产业集聚之间存在着以人才集聚为主导的正向互动关系（裴玲玲，2018）；技术创新活动归根结底是由具有创新能力的人完成的；创新要素的优化配置关键在于对人才、资本要素进行配置，而科技人才集聚是实现创新资源优化配置的前提。由此可知，科技人才集聚作为产业集聚、技术进步与创新要素优化配置的前置因素，更有可能是影响全要素生产率增长的根本所在，因此，从科技人才集聚视角探究全要素生产率增长的原因具有重要的理论与实践意义。

第二，已有研究对科技人才集聚及影响效应进行了探究，一方面，现有研究主要对学历人才及科技人才集聚现状进行了测度分析，存在要素集聚、人力资本集聚、人才集聚及科技人才集聚等测度指标方面的混淆使用，且对科技人才集聚空间特征、时空演化规律描述较为简单，缺乏从空间及动态视角对科技人才集聚特征的深入分析。另一方面，现有研究就人才集聚对经济增长的影响进行了探究，但并未形成一致的研究结论，部分学者指出人才集聚促进了经济增长，但也有研究发现人才集聚与经济增长呈倒 U 形关系。本书认为其中一个重要原因是忽视了不同地区间人才集聚的差异性，以往文献对二者关系的研究大多基于区域整体样本，将所有地区基于一个标准进行分析，而中国各地区人才集聚水平不均衡特征明显，考虑区域异质性情况下，不同地区人才集聚水平及集聚效应存在明显差异。同时，学者们在关注科技人才在一定地理范围内集聚现象时，忽视了区域内企业、研究机构及高校等异质性创新主体科技人才集聚水平的差异，已有研究表明不同创新主体在知识创造、产品研发等 R&D 活动中扮演着不同角色（焦翠红和陈钰芬，2018），由此可知，在探讨科技人才集聚对全要素生产率增长的影响时，有必要对创新主体异质性特征进行一定的区分。因此，本书在分析科技人才集聚对全要素生产率增长影响关系时将区域异质性与创新主体异质性纳入考虑范畴，以厘清不同类型地区及不同创新主体间二者关系的差异性。

第三，已有研究分析了经济、公共服务、政策环境、社会环境等因素对科技人才集聚与流动的影响，但少有文献研究这些因素对科技人才集聚与经济增长、全要素生产率增长二者关系的调节作用，地区市场化水平、政府研发支持作为优化创新资源配置效率的两种主要方式，对科技人才集聚与经济增长、全要素生产率增长关系发挥了重要的调节作用。因此，本书在探究科技人才集聚对全要素生产率增长的影响关系时，引入地区市场化水平与政府研发支持等宏观因素进行分析与推演，以揭示其在科技人才集聚影响全要素生产率增长关系中的调节机制。

第四，已有研究对科技人才集聚影响经济增长、全要素生产率增长的路径机制研究不足。通过文献梳理，部分学者关注了科技人才集聚的技术创新效应，也有部分学者探究了自主研发、技术模仿、技术引进等不同技术进步路径对全要素生产率增长的影响研究，但鲜有学者将科技人才集聚、技术进步路径与全要素生产率增长三者纳入统一分析框架下，系统地探究"科技人才集聚→技术进步路径→全要素生产率增长"传导路径机制的存在性。目前多数研究将科技人才集聚影响全要素生产率增长的作用路径看作一个"黑箱"，分析较为笼统，而深入分析科技人才集聚对全要素生产率增长影响可能的作用路径，有利于揭示二者互动影响的内在机理。

因此，为弥补现有研究不足，本书基于对相关文献与基础理论的梳理，系统地阐释了科技人才集聚影响全要素生产率增长的理论机制，从动力来源、保障机制与实现路径方面为二者关系的探究构建了理论分析框架。一方面，从科技人才集聚的区域异质性与区域内主体异质性两个维度出发，探究了科技人才集聚对全要素生产率增长的影响效应，并进一步揭示了有效市场与有为政府对科技人才集聚影响全要素生产率增长关系的调节机制。另一方面，从地区自主研发、技术模仿及技术引进三个维度揭示了科技人才集聚影响全要素生产率增长的技术进步路径机制。本书研究完善了科技人才集聚空间治理机制、优化了区域内科技人才集聚结构、探寻了科技人才集聚影响全要素生产率增长的技术进步路径，可为更好地发挥科技人才集聚红利促进全要素生产率增长提供一定的理论依据与政策参考。

五、本章小结

本章通过关键词与相关文献检索，运用系统归纳与文献研究等方法，系统梳理与深入总结了国内外关于全要素生产率测度及其影响因素的研究进展和科技人才集聚及其影响效应的研究进展，从整体上把握了目前关于"科技人才集聚与全要素生产率增长"方面的相关研究脉络及研究现状，并总结了已有研究可能存在的不足及本书可以进一步完善和推进的研究方向，为后文研究的开展提供了有力支持。

第三章
科技人才集聚影响全要素生产率
增长的理论机制

高质量发展背景下分析科技人才集聚对全要素生产率增长的影响，首先必须明晰高质量发展、科技人才集聚等相关概念内涵，并构建科技人才集聚影响全要素生产率增长的理论分析框架，以厘清二者的基本关系与理论机制。因此，本章在对高质量发展、科技人才集聚等核心概念界定的基础上，构建了区域科技人才集聚影响全要素生产率增长的理论分析框架，以期为后续章节提供坚实的理论基础。

一、中国人才战略的提出及制度变迁

人才是中国经济社会发展的第一资源，党和国家历来高度重视人才工作，并提出了一系列加强人才工作的政策措施（见图 3-1）。特别是进入 21 世纪以来，2000 年，中央经济工作会议首次提出："要制定和实施人才战略"，人才发展进入国家顶层设计，成为中国经济社会发展的一项基本战略；2002 年 5 月，中央办公厅、国务院办公厅联合印发了《2002~2005 年全国人才队伍建设规划纲要》（中办发〔2002〕12 号），这是我国第一个综合性的人才队伍建设规划，人才强国战略正式上升为国家战略，其工作重心是建设"人才资源强国"，充分发挥人才的作用；2003 年 12 月，中共中央、国务院印发了《关于进一步加强人才工作的决定》（中发〔2003〕16 号），对人才强国战略实施进行了具体部署。

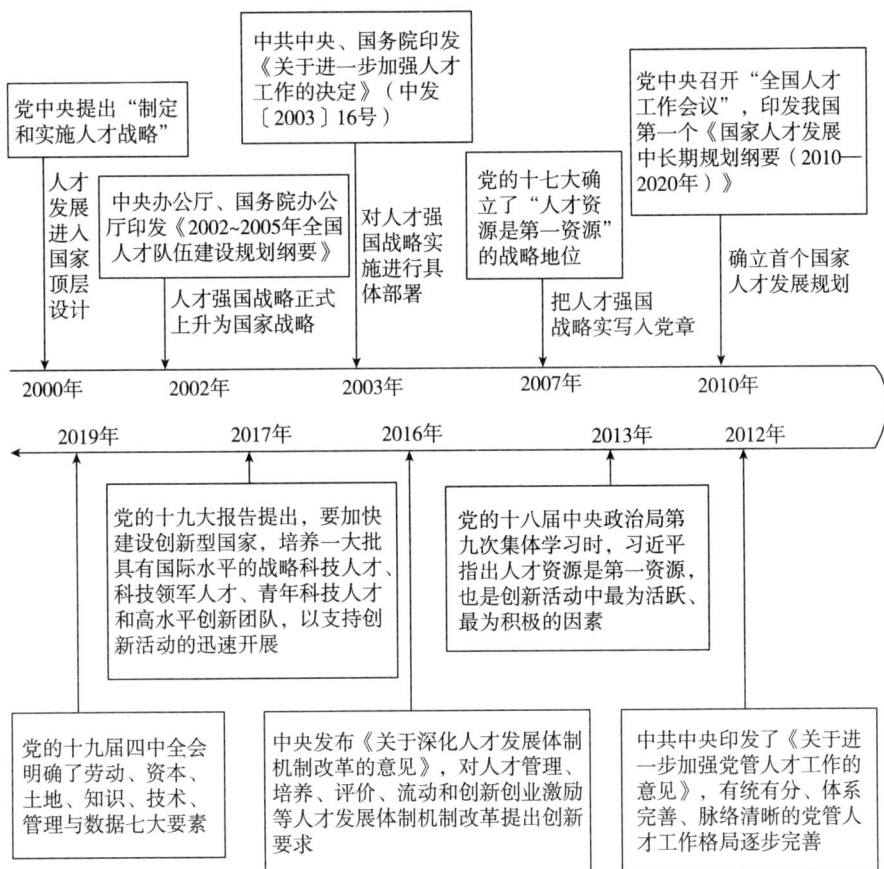

图 3-1　中国人才战略变迁时点

党的十七大确立了"人才资源是第一资源"的战略地位，把实施人才强国战略写入党章；2010 年 5 月，党中央召开了第二次全国人才工作会议，印发了我国第一个与科技、教育等规划相并列的中长期人才发展规划——《国家中长期人才发展规划纲要（2010—2020 年）》，做出"人才优先发展"的战略布局；2012 年 8 月，中共中央印发了《关于进一步加强党管人才工作的意见》，对党管人才的要求进一步明确，有统有分、体系完善、脉络清晰的党管人才工作格局逐步完善。

党的十八大以来，有利于人才发展的政策体系进一步完善，市场配置人才资源的基础性作用初步发挥，以高层次人才、高技能人才为重点的各类人才队伍不断壮大。面对新的世情国情，习近平总书记多次强调，要牢固确立人才引领发展的战略地位。2013 年 9 月，在党的十八届中央政治局第九次集体学习时，习近平指出人才资源是第一资源，也是创新活动中最为活跃、最为积极的因素。要把科技创新搞上去，就必须建设一支规模宏大、结构合理、素质优良的创新人才队伍。2014 年 5 月，习近平在上海考察时，指出牢牢把握集聚人才大举措，人才是创新的第一资源。没有人才优势，就不可能有创新优势、科技优势、产业优势。2017 年党的十九大报告明确提出，创新是引领发展的第一动力，是建设现代化经济体系的战略支撑，要加快建设创新型国家，培养一大批具有国际水平的战略科技人才、科技领军人才、青年科技人才和高水平创新团队，以支持创新活动的迅速开展。

党的十九大以来，为全面贯彻十九大精神，2018 年中共中央办公厅、国务院办公厅印发了《关于分类推进人才评价机制改革的指导意见》，围绕实施人才强国战略和创新驱动发展战略，以科学分类为基础，以激发人才创新创业活力为目的，加快形成导向明确、精准科学、规范有序、竞争择优的科学化社会化市场化人才评价机制。党的十九届四中全会关于《构建更加完善的要素市场化配置体制机制》，明确了劳动、资本、土地、知识、技术、管理与数据七大要素，并强调推进要素市场制度建设，实现要素价格市场决定、流动自主有序、配置高效公平。

二、高质量发展及科技人才相关概念

（一）高质量发展

高质量发展是指当经济总量和规模增长到一定程度后，经济发展方式由量变产生质变，实现经济质量的高水平发展。2017年，党的十九大报告对中国经济发展做出重大判断：新时代我国经济已由高速增长阶段转向高质量发展阶段，处于转变发展方式、优化经济结构、转换增长动力的攻关期，必须坚持质量第一、效益优先，以供给侧结构性改革为主线，推动经济发展质量变革、效率变革、动力变革。2018年中央经济工作会议将"高质量发展"定义为"新时代中国经济发展的基本特征"，同年2月，国家统计局长宁吉喆在《求是》上发表的文章《贯彻新发展理念推动高质量发展》提出"高质量发展是创新、协调、绿色、开放、共享的发展"。在高质量发展成为总体战略和根本要求的背景下，如何推进中国经济发展质量逐步提升成为未来一段时期我国经济社会发展的主要任务。

学者们就高质量发展的内涵、高质量发展的特征和表现、高质量发展的测度与评价，以及实现高质量发展途径和方式等方面进行了探究。本书借鉴党的十九大报告中的论述，认为高质量发展是坚持质量第一、效益优先，以供给侧结构性改革为主线，推动经济发展质量变革、效率变革、动力变革，提高全要素生产率。其中，动力变革是实现高质量发展的基础，效率变革是实现高质量发展的过程，质量变革是高质量发展的最终目的。发展效率变革就是要从提升生产效率这一"效率变革"的核心环节入手，深化要素市场改革，建立健全要素市场机制，改善要素的不同地区配置结构、不同创新主体配置结构等，实现单要素生产率、全要素生产率的全面提升。发展动力变革就是要在寻求创新力、开放力等新动能上下功夫，深入落实创新驱动发展战略、人才强国发展战略，遵循创新区域高度集聚的规律，增强地区创新驱动能力。

（二）科技人才

1. 人才及其分类

人才（Talent），是指具有一定专业知识或专门技能，进行创造性劳动，并对社会或国家做出贡献的人①，是人力资源中能力和素质较高的劳动者。通过文献梳理，学术界主要从学历层次和职业技能两大维度对人才进行界定与类型划分。

（1）学历层次维度。主要依据受教育程度差异划分不同类型的人才，并认为大专以上学历人员属于高级人力资本或创新型人力资本。例如，Caselli 和 John（2006）、孙海波和林秀梅（2018）按受教育程度差异将人力资本划分为初级人力资本、中级人力资本和高级人力资本三类，其中，高级人力资本主要指各地区大学本科及以上人员数；邓俊荣和龙蓉蓉（2017）按照受教育程度将人力资本划分为体力劳动者、基础型人力资本、技能型人力资本和创新型人力资本四类，其中，创新型人才资本指在技能型人力资本基础上具备敏锐的洞察力、极强的创新力，一般为大专及以上劳动者。

（2）职业技能维度。主要依据实际从事的职业技能类型划分不同类型的人才，主要包括金融、科技研发、文化创意及教育等各类人才。例如，Florida（2002）依据个人潜在创造力和实际技能应用（职业类型），将创意阶层划分成超级核心创意人员和职业创意人员，其中，后者主要包括高科技、金融、法律以及其他各种知识密集型行业的专职人员；《中国人才资源统计报告（2015）》在统计中国人才发展状况时，将"政党人才、企

---

① 这里关于"人才"内涵的界定源于中共中央、国务院印发的《国家中长期人才发展规划纲要（2010—2020 年）》。

业经营管理人才、专业技术人才、高技能人才、农村实用人才和社会工作专业人才"等均纳入人才资源总量的统计；王猛等（2016）按《国民经济行业分类》中经济行业细分产业从业人员的划分，选择科研技术服务、教育、文化娱乐、信息传输、金融等行业衡量各类人才。

综上，基于不同视角对人才的界定不同，但严格意义上来讲，"学历人才"仅属于人力资源，即"潜人才"，如高学历者在一定程度上只能说明成为科技人才的概率高于较低学历者（张波，2019）；相较而言，基于职业技能视角对人才类型的划分主要根据其从事的职业技能，更能反映实际，同时该划分类型中包含的人才范围较为宽泛，部分研究将包括科技创新人才在内的各种人才均纳入人才统计范畴进行研究，难以突出不同类型人才的贡献差异。综合分析，本书基于职业技能视角，将人才中的"科技创新人才"单独剥离作为对"科技人才"的界定。

2. 科技人才

科技人才有别于一般劳动力，有着明显的知识特性，是推动创新驱动发展的支撑力量。在统计结构中，对科技人才一般分成专门人才、科技活动人员、专业技术人员、R&D人员、科学家和工程师五种层次。经济合作与发展组织（OECD）和欧盟统计局（Eurostar）联合编写的《科技人力资源手册》将科技人力资源定义为，实际从事或有潜力从事系统性科学和技术知识的产生、发展、传播和应用活动的人力资源；《"十三五"国家科技人才发展规划》（2017）对科技人才的内涵进行了界定：是指具体参与科学研发活动，掌握丰富的专业文化知识与过硬的科研能力，极富创新性和逻辑能力，可以为科技创新工作与创新型国家建设奉献终身的人才群体。任飏和陈安（2017）、陈建新等（2018）指出科技人才是新知识的创造者、新技术的发明者、新学科的创建者、科学技术新成果及转化和新产业的开拓者，是推动创新驱动发展、建设创新型国家的核心战略资源等。

结合以上分析，本书对科技人才的界定如下：科技人才是指具备一定的专业能力素养并从事科学技术创新活动的劳动者，主要包括从事基础研究、应用研究和试验发展等科技活动的技能型工作人才（王欣亮和刘飞，

2018；马茹和王宏伟，2019）。这类人才拥有异于常人的思维方式、高效的交流能力及知识水平，其拥有的视野和胆量内化到个人的基本素质里，在科技创新过程中更懂得知识的运用与创造，是具有能力、知识和技术的综合体现（王士红，2017）。

（三）科技人才集聚

1. 科技人才集聚

集聚既是名词，也是动词；既可以表示一种状态，也可以表示一个过程。"集"在《辞海》中的解释为"群鸟栖止于树上"，引申含义为"集合、会合，把分散的事物汇集在一起"；在《人文地理学词典》中将"集聚"（Agglomeration）解释为"各种生产活动就近联系而相互最优，由于运输、通信设施以及其他基础设施的共同利用，一般能够产生外部经济"；也有学者指出集聚是由某种逻辑创造维持的关联经济活动的集中，要素流动与报酬递增是集聚经济的微观基础（Fujita et al.，1999）。

基于对"集聚"内涵的理解，学者们从不同视角给出了人才集聚的界定。Giannett（2001）认为人力资本集聚是一种空间分布上的集聚，不同技能的人集聚在一起，可以实现优势互补，提高工作效力，降低生产成本，实现人才规模效应；朱杏珍（2002）认为，人才集聚是指人才受到多种因素的影响，从不同区域向某一特定区域流动的过程，人才集聚有助于自身价值的实现，能产生集聚效应使集聚地获得先行发展优势；Michael 和 Venables（2003）、Couture（2015）认为人才集聚意味着更多的面对面接触，促进了隐性知识传播及工作中的竞争与学习；牛冲槐等（2006）指出人才集聚是大量同类型或相关的人才在某一地区（或行业）形成的聚类现象；孙健和尤雯（2008）指出人才集聚是实现人才资源优化配置的前提，人才集聚加剧了竞争，迫于竞争压力个体会增进知识与学习，并不断进行创新进而实现经济高效率运行；裴玲玲（2018）指出科技人才的有序流动或迁移引起它在物理或其他虚拟空间上的集中，进而产生科技人才的集聚效应，当这种集聚效应扩散到高技术产业，会加快创新资源在产业内集聚；刘兵等（2019）认为空间人才密度能有效衡量人才在空间上的聚集程度，人才聚集的经济性效应和不经济性效应均随着聚集程度的增加而增加，在不同阶段占据主导的效应不同。

基于上述总结，本书给出科技人才集聚的界定，即科技人才集聚是指科技人才在一段时间内的某一地理空间上，受某些因素的驱动而形成的从无序到有序的、相互依存的局部集中现象，它是科技人才通过流动实现其在地理空间上的集聚与优化整合，能够产生集聚创造与集聚增值效应。具体地，可从以下方面理解：第一，科技人才集聚包含了"集"和"聚"两层含义，"集"是一种加法机制，"聚"则更类似一种乘法机制，即科技人才集聚不仅强调科技人才在地域空间范围内的集中与聚少成多，更突出了集聚区域内科技人才相互间的协同互动。第二，区域科技人才集聚不仅要关注某一地理空间上科技人才要素简单加总或集合，也应关注不同区域科技人才的集聚规模与区域内不同主体、不同行业等的科技人才集聚结构问题，二者共同反映了区域科技人才集聚质量，是实现区域科技人才资源优化配置与总体效率提高的前提。第三，区域科技人才集聚可能存在集聚不足与过度集聚等现象，其中，集聚不足指在特定区域内科技人才集聚并未达到能够产生足够集聚经济的问题，即集聚水平过低并达到产生足够收益的条件；过度集聚指在特定区域内科技人才集聚水平过高的问题，即集聚水平超过可以带来集聚经济的条件，使得拥挤度更高，出现集聚不经济。据此，本书将科技人才集聚及科技人才集聚效应的逻辑关系总结为图3－2。

2. 科技人才集聚效应

科技人才集聚会在一定的内外部环境作用下，发挥超过各自独立作用的加总效应，即科技人才集聚效应，具体包括集聚的经济性效应和集聚的非经济性效应两类（刘兵等，2019）。科技人才集聚在交易费用、知识溢出、降低风险及生产率提升等多方面形成竞争优势，即集聚经济效应；但是科技人才集聚并不是无休止的，随着一个地区科技人才集聚水平的不断提高，如交通拥堵、要素价格提升、资源争夺等拥挤问题日益突出，逐渐

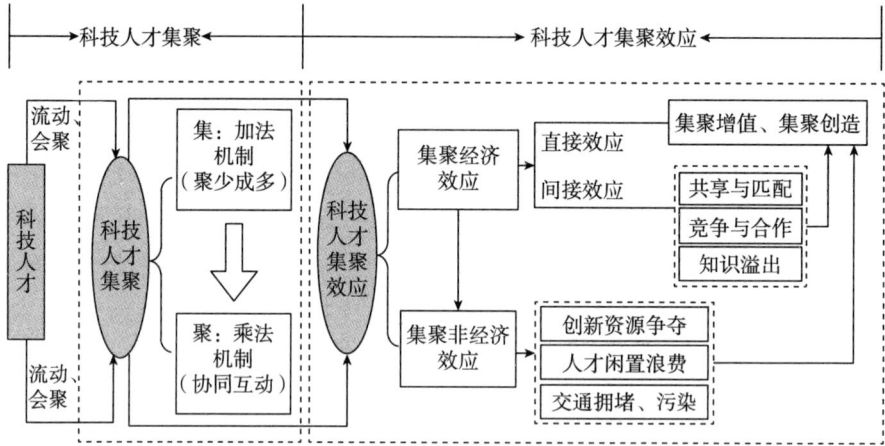

图 3 - 2　科技人才集聚的概念模型

呈现集聚不经济的现象，从而抑制进一步集聚的发生。最终，在集聚经济和集聚不经济双重作用力下，科技人才集聚将达到一个均衡水平。当然，在科技人才集聚程度的不同阶段由不同的效应占据主导，初期，科技人才集聚程度较低，环境限制条件约束性较差，大量科技人才在某一区域集聚，可满足不同岗位匹配要求，大大降低了企业对员工的搜寻成本，同时，信息共享效应、知识溢出效应等经济性效应迅速产生，有利于促进边际生产率提升，此阶段经济性效应占据主导。但随着科技人才集聚程度的持续增加，环境限制条件约束性加强，科技人才逐渐达到饱和状态，集聚带来的非经济效应逐步凸显。例如，集聚区内科技人才对有限创新资源的争夺加剧、过多的科技人才易造成人才管理成本增加、高层次人才低层次就业等奢侈性消费以及城市拥堵和环境污染等问题，良性的集聚经济反馈系统被打破，非经济性效应逐渐占主导。此外，当市场发生变化或者加入非市场力量后，均衡状态即被打破。例如，一个地区科技人才所属行业受到负面冲击时，会面临人才需求下降、交易成本上升等问题，此时，集聚不经济效应占主导地位；而该地区交通和公共服务设施得到改善、地方政府出台"人才引进"政策和创新奖励等时，又会进一步推动科技人才集聚，提升集聚经济效应。综上可知，在科技人才集聚过程中，必须全面认识科技人才集聚问题，加深对科技人才集聚问题的分析和研究，以进一步推动科技人才有效集聚，避免或抑制科技人才集聚的非经济效应。

结合上文分析可知，科技人才集聚过程中既可能对生产率产生促进作用，也可能产生抑制作用，两者的相互作用导致人才集聚经济效应的变化，图3-3描述了科技人才集聚的生产率效应变化过程。图3-3中（a）表示科技人才集聚产生的生产率促进作用与生产率抑制作用随着科技人才集聚水平变化而变化的过程，其中，Sa为科技人才集聚的生产率促进作用，Sc为科技人才集聚的生产率抑制作用；图3-3中（b）表示随着科技人才集聚水平变化科技人才集聚产生的生产率促进和抑制作用共同作用下的集聚净效应变化。结合图3-3可知，随着科技人才集聚水平上升，促进作用和抑制作用都在上升。在A阶段，集聚促进作用的弹性是增长的，集聚度为g_1点达到最大，此时集聚拥挤问题并不明显，主要表现为集聚经

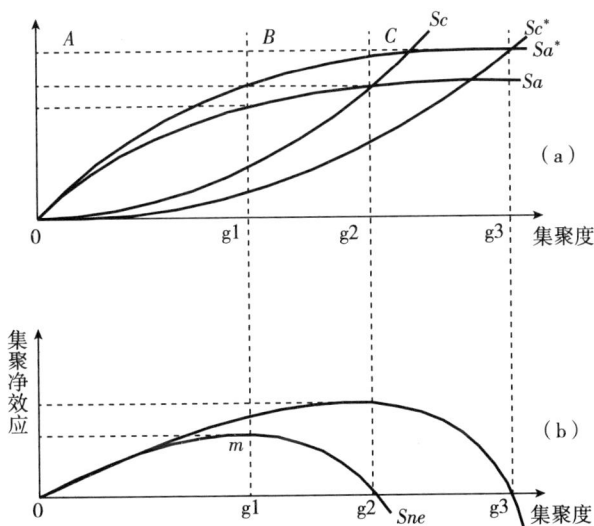

图3-3 集聚经济与集聚规模

济。在 B 阶段，集聚促进作用的弹性逐渐下降，但是仍旧处于主导地位，此时集聚抑制作用的弹性不断增强，但仍旧表现为集聚经济占主导地位。在 C 阶段，集聚的拥挤问题显著提高，使得集聚抑制作用超过了促进作用，此时，科技人才集聚表现出集聚不经济效应。因此，g_2 点为科技人才集聚的最优点。当出现技术进步、交通改善、管理改善时，会降低拥挤问题从而形成 Sc^* 曲线，同时也会提高集聚的促进作用形成 Sa^* 曲线，使得科技人才集聚产生更强的集聚经济效应。

三、科技人才集聚影响全要素生产率的理论分析框架

高质量发展的主要任务是提高全要素生产率，而改善要素配置效率是促进全要素生产率提高的重要动力源泉。科技人才是整个区域创新过程中最为活跃、积极的因素，创新成果的产生和应用推广环节离不开科技人才的推动（张治河等，2019）。区域整体科技人才集聚规模与区域内不同主体间（企业、研究机构和高校）科技人才集聚结构的优化有利于优化科技人才配置效率，促进科技人才集聚红利的释放，这是促进全要素生产率增长的重要动力来源；同时，市场和政府作为优化资源配置的两种主要方式，地区市场化水平与政府研发支持等因素是促进科技人才集聚效应发挥的重要保障机制；而自主研发、技术模仿及技术引进是科技人才集聚影响全要素生产率增长的重要实现路径。因此，在此基础上，本书构建了如图 3-4 所示的理论分析框架。具体分析如下：

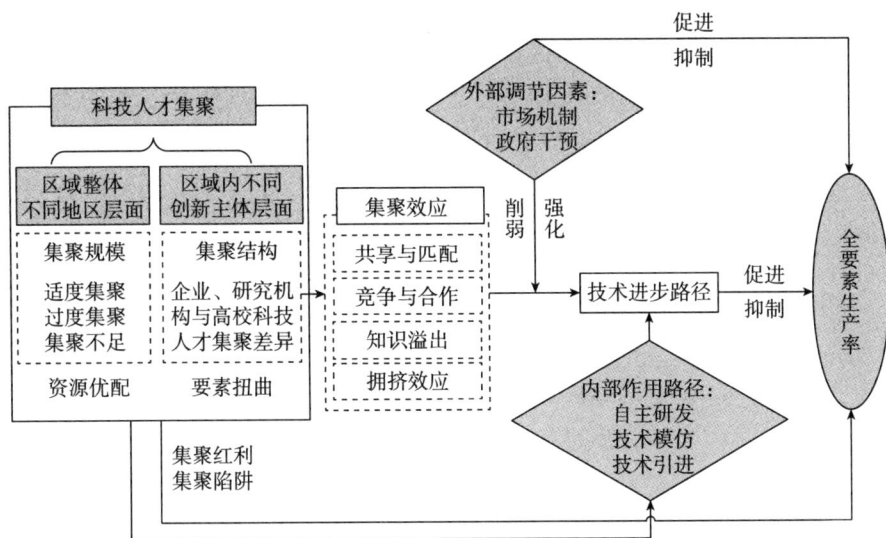

图 3 - 4　理论分析框架

（一）动力来源：科技人才集聚

1. 区域整体层面

从区域整体层面讲，一个地区相对于其他地区的科技人才集聚程度反映了该地区科技人才集聚规模水平，一个地区的科技人才集聚水平越高越有利于整合内外部各种资源优势，产生集聚增值与集聚创造效应，进而将集聚优势提升到更高层次，促进全要素生产率的增长。

（1）区域科技人才集聚能够实现创新资源的共享与匹配，促进全要素生产率增长。科技人才在一定区域范围内的集聚克服了时空距离所带来的信息交流障碍（牛冲槐等，2006），有利于共享创新基础设施、专业化技术信息服务等。这有效降低了技术创新活动的交易成本，促进了全要素生产率增长（余泳泽和刘大勇，2015；孔海涛等，2019）。同时，相比于分散经济，科技人才集聚形成了劳动力蓄水池效应，降低了企业寻求劳动力和劳动者求职的成本，有利于提高劳动力的匹配度（Andersson et al.，

2013）。

（2）区域科技人才集聚会形成科技人才间的竞争与合作效应，促进区域技术创新活动并有利于全要生产率增长。一方面，大量高技能人才与高生产率企业集聚，加剧了区域内各类人才、企业间的竞争（张先锋等，2018），迫于竞争压力科技人才会不断进行技术创新、改进产品质量以追求技术突破进而取得更多的创新成果（Richardson，1998），这有利于促进全要素生产率增长。另一方面，区域科技人才集聚更易形成创新合作，使个体间的经验、知识及技能等得到交流与共享，进而激励科技人才以团队合作方式进行科技创新，这有利于促进创新效率提高（刘和东，2013）。

（3）区域科技人才集聚产生的知识溢出效应有利于促进全要素生产率增长。科技人才作为知识、技术的携带者，在区域内集聚不仅增加了知识储备，更重要的是，有利于传播先进技术，促进新知识、新想法的产生和交流（孔海涛等，2019），如科技人才集聚在一起可通过面对面交流与学习等促进隐性知识扩散、传递、转移与整合并产生溢出效应（刘和东，2013；李敏等，2019），进而促进全要素生产率增长。

（4）区域科技人才过度集聚产生的拥挤效应易造成效率损失。科技人才集聚并非总是产生正向促进作用，过度集聚会造成人才积压浪费、结构失调等拥挤现象（罗永泰和张威，2004；徐茜和张体勤，2010）。例如，当有限范围科技人才过度集聚时，各类经济要素的稀缺性显现，致使人才管理难度加大，造成人才浪费、对创新资源的恶性竞争等，尤其是当政府对创新主体给予大量资金支持并对创新成果进行大量补贴时，会促成"盲目创新"或"过度创新"行为，导致大量资源被浪费，不利于全要素生产率增长。

2. 区域内不同创新主体层面

从区域内不同创新主体层面讲，企业、研究机构与高校构成了地区创新资源配置的重要主体，它们承担着分配科技资源要素、从事科学技术知识生产、科技成果转化等 R&D 活动，但不同创新主体在 R&D 活动中扮演着不同的角色，各主体科技人才集聚差异直接影响其知识生产、成果转化及创新效率等，进而对全要素生产率增长产生影响。

具体地，企业作为技术创新的主体，其科技人才数量与质量提升可增强企业新产品、新技术的研发，提高自主创新能力及企业绩效进而推动全要素生产率增长，如企业更倾向于在经济密度高的地区从事研发和创新活动，从而实现创新活动的风险分担和收益共享，这可以促进更多创新成果的诞生，为全要素生产率增长提供动力来源。科研机构与高校中的科技人才理论基础扎实、专业性强，主要从事基础研究与应用研究，成果主要表现为科学论文和专利等，有利于推动知识技术进步，其对全要素生产率增长的促进作用更多体现在研发成果转化为现实生产力的过程。因此，在技术创新过程中优化区域内企业、研究机构与高校等创新主体间的科技人才集聚结构，有助于将知识生产活动产生的成果从理论形态向现实生产力转化，改善科技人才资源配置效率，促进全要素生产率增长。

（二）保障机制：市场机制与政府干预

区域不仅需要集聚科技人才，更重要的是如何最大限度发挥科技人才集聚对全要素生产率增长的促进作用，市场和政府作为配置资源的两种主要方式，如何将科技人才富有效率地配置到各地区及区域内各创新主体，以实现创新驱动全要素生产率增长，市场与政府在这个过程中发挥着关键性作用。

1. 市场机制的作用

市场在资源配置中起基础性和决定性作用。一般集聚的出现是一个市场化过程，市场机制通过市场价格与竞争作用，将需求与供给两端有效对接，有效配置各种社会产品、资源给相应的区域及区域内的创新主体（张治河等，2019），由此可知，一个地区市场化水平和市场成熟程度会对科技人才、资本等要素集聚与配置产生重要的导向作用，较高的市场化水平意味着市场主导配置资源、完善的制度保障和较低的政府干预。一方面，科技人才集聚是追求要素价值实现的过程，市场通过循环累积的本地市场效应和价格指数效应影响人才、资本等要素集聚（Krugman，1998）。完善成熟的市场机制可以使资源自由流动，形成合理的要素价格，同时显著地降低资源误置程度（田荣华，2015），使科技人才在内的各种要素价值得到充分体现，实现科技人才资源有效配置，促进全要素生产率增长。另一方面，市场规模与市场结构决定了区域创新产出的变现能力与实际经济效益，激励科技人才等要素向收益高的地区集聚（刘和东，2013），如在完全竞争和完全垄断市场，企业作为价格接受者和制定者，创新动力不强。此外，地区市场中介组织的发育和知识产权保护体系的完善，有助于加强知识产权保护及保障企业的创新利益，激励了企业的创新动力，促进技术创新活动开展及全要素生产率增长。

2. 政府干预的作用

政府作为区域创新活动的重要参与主体，扮演着创新环境营造者、创新战略及政策制定者、创新活动资助者与参与者等多种角色（杨思莹，2019），特别是对于市场化程度低、要素市场发展不完善的地区，政府有效的制度安排和适度干预有利于优化科技人才资源配置效率。实践中，由于 R&D 活动具有技术扩散、知识溢出等正外部性以及创新活动的高风险和信息不对称的特征，导致市场自发的创新资源投入往往低于社会最优水平（焦翠红，2017），而将市场配置创新资源的运行内置于政府宏观经济引导与监管的体制框架下能有效弥补创新资源配置过程中的市场失灵（李政和杨思莹，2018）。随着中国政府职能从研发管理向创新服务的转变，政府成为科技人才、资本等要素集聚过程中的"推进器"。一方面，政府作为资金要素的提供者，通过财政科技投入、补贴等方式引导各地区科技人才要素的有效供给。例如，直接用于高端技术人才引进，给集聚地人才创造较为丰厚的薪资、福利待遇和创新奖励等（卓乘风和邓峰，2017），激励科技人才研发活动有效开展及知识溢出，促进全要素生产率增长。另一方面，政府通过人才政策及优化创新基础设施建设等吸引科技人才集聚并激发其创新积极性。各地出台"人才引进"政策集聚高质量人才以及加快区域交通、通信网络化基础设施建设等，打破了知识传播的时空距离障碍，有利于促进区域内及区域间科技人才的互动合作及知识的传播与共享

（Whittington et al.，2009），促进区域创新效率和全要素生产率增长。同时，地方政府参与高新技术产业开发区、科技园区、创新孵化器建设等行为，能为科技成果转化创造良好的环境，有利于打造高技术产业集群，吸引科技人才要素集聚，发挥科技人才集聚的规模效应，促进创新效率提高（Henderson et al.，1993）。

（三）实现路径：技术进步路径

技术进步路径指技术进步的来源或实现方式，主要包括以自主研发与技术赶超为主的内源型路径和以技术购买引进、技术模仿等为主的外源型路径（余泳泽和张先轸，2015；宋林和郭玉晶，2016）。对于已经处于技术前沿的发达经济体，为防止核心关键性技术外溢以及技术引进过度依赖，持续不断地自主研发新技术和新产品是促进技术进步的唯一途径；对于处于追赶或跟跑地位的发展中地区，其技术进步方式则包括了技术引进、技术模仿创新等外源型路径和自主研发等内源型路径。而最小化的技术变迁成本是其选择适宜技术进步路径的关键（Mathews & Zander，2007；马茹等，2019）。一种观点认为发展中国家在技术选择上应"因势利导"，结合要素禀赋渐进式地提升其技术水平；另一种观点则认为考虑到要素积累与技术能力建设，发展中国家应预见到要素禀赋的动态变化，在技术选择上"适度赶超"（许岩和尹希果，2017）。因此，对于发展中国家，技术进步路径选择是一个无法回避的关键性问题。

结合中国创新发展的实践，自改革开放以来，中国技术进步路径大致可分为三个阶段，即技术引进为主阶段、技术模仿与引进消化再创新阶段及自主创新阶段。第一阶段为20世纪80年代中后期，中国提出了"以市场换技术"战略，旨在通过开放部分国内市场引进外商投资，进而获取国外先进技术。第二阶段为2000年加入WTO以来，中国面临核心技术缺失、生产要素成本上升及国内外市场竞争加剧等诸多挑战，经济发展方式亟待转变。2006年，国务院颁布的《国家中长期科学和技术发展规划纲要（2006—2020年）》明确提出"加强自主创新、建设创新型国家"的战略目标，其中，自主创新就是要从增强国家创新能力出发，加强原始创新、集成创新和引进消化吸收再创新。第三阶段为党的十八大以来，中国科技创新由跟跑为主转向更多领域并跑、领跑的新阶段，需坚持创新引领，推进创新驱动。2012 年，党的十八大报告提出要"实施创新驱动发展战略"，并指出推进基础前沿研究，持续提高自主创新能力；2017 年，党的十九大报告提出"加快建设创新型国家"，强调促进创新资源高效配置和综合集成，走中国特色的自主创新道路。

结合以上分析，将技术进步路径总结为自主研发、技术模仿与技术引进三类，其中，自主研发与技术模仿创新在我国均属于自主创新的范畴。具体地，①自主研发主要指通过有目的的研发活动研发拥有自主知识产权的核心新技术，并在此基础上实现新产品价值的过程，包括在基础研究和高技术研究领域取得独有的发现或发明等原始创新与对各种现有技术的有效集成创新；②技术模仿创新主要指通过学习、借鉴等对引进的国内外先进技术进行有效消化吸收和再创新，进而形成具有自主知识产权的新技术以提升技术水平；③技术引进主要指通过一定方式有计划、有重点、有选择地引进国内外先进技术以提升技术水平，技术引进的内容既包括先进的工艺、设备和制造技术，也包括科学技术知识、管理方法等。

国家或地区之间的创新能力差异能够被人力资本积累程度不同而显著解释（Cinnirella & Streb，2017），一个国家或地区的技术结构内生于生产要素投入结构，依据技术进步的要素禀赋论，一项技术的应用需要通过包含人力资本和物质资本等在内的各种生产要素投入来匹配（林毅夫和张鹏飞，2005）。科技人才作为知识、技术创造及发明等关联最为紧密的要素（吉亚辉和朱凤文，2011），其数量和研究能力决定了该地区的自主研发能力及对先进技术的借鉴、吸收和再创新能力（张宽和黄凌云，2019）。科技人才集聚能够形成知识和科技力量优势（任保平和何苗，2020），一方面，作为知识、技术的携带者，科技人才自身积累的知识和技能能够随着流动转移到集聚地，集聚区内科技人才利用其知识基础和创新能力突破现有既定技术约束，进行新产品、新技术的研发（刘璇和张向前，2015）。

即科技人才集聚有利于促进地区自主研发。另一方面，区域科技人才集聚增强了其理解、解码与创造性地应用来自区域内外部新知识、新技术的能力（Caragliu & Nijkamp，2012），随着科技人才集聚，其对国外知识和技术吸收能力在不断增强，通过学习转为为自身创新的概率也就越大。即科技人才集聚对地区的技术吸收与模仿能力有重要影响。此外，地区技术进步除依赖自主研发与技术模仿外，还可以通过技术引进来实现，科技人才集聚提高会为外资的进入提供可靠的人才和技术保障，技术引进为低创新能力的国家或地区提供了接触前沿技术的机会，在"干中学"机制主导下有利于进一步模仿、吸收和再创新（Acemoglu，2001；程惠芳和陈超，2017）。综上所述，科技人才集聚可通过自主研发、技术模仿及技术引进等技术进步路径影响地区全要素生产率增长。

四、本章小结

　　本章对高质量发展、科技人才集聚等核心概念进行了界定与阐释，在此基础上，通过理论梳理与逻辑推演，从动力来源、保障机制及实现路径三个方面构建了科技人才集聚影响全要素生产率增长的理论分析框架，以期为后文研究开展提供坚实的理论支撑和框架指导。

第四章

科技人才集聚与全要素生产率 增长的时空格局

为了深入探究中国科技人才集聚与全要素生产率增长的现状特征，本章对 2005～2017 年中国不同区域尺度科技人才集聚水平与全要素生产率增长变动进行了测度与时空格局分析。具体地，一方面，借助区位熵指数测算了中国不同区域尺度科技人才集聚水平，并深入分析了科技人才集聚的空间分异特征与趋同演化规律；另一方面，通过构建 Malmquist - Luenberger 生产率指数测算并分析了不同区域尺度全要素生产率增长的变动趋势及空间分异特征，以期对研究期内二者的现状特征与空间格局有更加清晰地把握与认识。

一、科技人才集聚测度及空间特征

（一）区位熵指数

1. 测度方法——区位熵指数

区位熵指数是识别区域范围相关产业集中度的常用方法，它从中观层面和静态视角反映相关产业的集聚程度，与其他测算方法相比，区位熵指数法具有数据可得性高、计算简便等特点（姚凯和寸守栋，2019）。具体地，采用某产业部门的产值与本地区总产值之比，与该产业部门的全国总产值占全国总产值之比的比例，计算公式为：

$$EG_{ij} = \frac{\dfrac{E_{ij}}{E_i}}{\dfrac{E_{kj}}{E_k}} \qquad (4-1)$$

式中，EG_{ij} 表示区位熵指数；E_{ij} 表示 i 地区 j 产业的产值，E_i 表示 i 地区的生产总值；E_{kj} 表示 j 产业的全国总产值；E_k 表示全国地区生产总值。当 $EG_{ij} > 1$ 时，表示 j 产业在地区 i 相对集中，集聚程度高于全国平均水平，具有行业优势；当 $EG_{ij} < 1$ 时，表示 j 产业在地区 i 集聚程度低于全国平均水平，处于行业劣势。

本书参考张美丽和李柏洲（2018）、孙文浩和张益丰（2019）等学者的做法，并基于前文对科技人才的界定，采用区位熵指数测度各地区科技人才集聚水平，即某地区 R&D 人员全时当量占该地区总从业人员数的比重与全国 R&D 人员全时当量占全国总从业人员数比重之比进行测度，测算公式如下：

$$agg_{it} = \frac{\dfrac{P_{it}}{Q_{it}}}{\dfrac{\sum_i P_{it}}{\sum_i Q_{it}}} \qquad (4-2)$$

式中，agg_{it} 表示 i 地区 t 年份科技人才集聚水平，P_{it} 表示 i 地区 t 年份 R&D 人员全时当量[①]，Q_{it} 表示 i 地区 t 年份全部从业人员数，i 表示地区，t 表示年份。

2. 样本数据说明

为深入揭示中国各地区科技人才集聚水平及空间分异特征，本章分别

---

① 基于数据获取难度，在城市创新人才集聚水平测度时，参考余泳泽等（2016）的做法选择"技术服务与地质勘查业、科学研究技术服务业"行业从业人员数表征创新人才。

以中国 30 个省份及 285 个地级市作为研究对象，对不同区域尺度范围科技人才集聚水平进行测度与现状分析。

具体地，结合数据获取完整性与可得性等，在省级研究样本选取时，考虑到西藏地区数据缺失严重，选择了剔除西藏外的中国 30 个省份作为研究样本，相关数据主要来源于历年《中国科技统计年鉴》及《中国统计年鉴》。在地市级研究样本选取时，考虑到巢湖、毕节、三沙、儋州等行政规划新增城市数据不完整及拉萨数据缺失严重等①，选择了剔除以上地级市外的中国 285 个地级及以上城市作为研究样本，相关数据主要来源于历年《中国城市统计年鉴》、EPS 数据库②。

（二）测度结果及空间分异特征

基于本章构建的区位熵指数进行测算，本节对中国 2005～2017 年不同区域尺度科技人才集聚水平现状及空间分异特征进行了分析。具体分析如下：

1. 科技人才集聚的区域比较与省域特征

为直观描述科技人才集聚的区域分布差异，基于测度结果绘制了 2005～2017 年中国东部、中部与西部地区科技人才集聚水平变动趋势图③（见图 4-1）。结合图 4-1 可知，科技人才集聚水平在东、中、西三大区域间分布情况极不均衡，空间梯度分布特征明显。三大区域科技人才集聚水平长期保持东部地区科技人才集聚水平遥遥领先且远高于全国科技人才集聚水平均值，中西部地区科技人才集聚水平相对较低且西部地区远低于全国平均水平均值。

---

① 2011～2016 年，国务院撤销了安徽省的巢湖市，贵州省升格铜仁和毕节两个地级市，并在海南省成立三沙市。

② 至 2019 年 12 月底本书写作完成时，包括《中国城市统计年鉴》、《中国科技统计年鉴》及《中国统计年鉴》等各类统计年鉴数据更新到了 2017 年，因此，选取了 2005～2017 年共 13 年的数据作为研究的时间窗口。

③ 东部地区包括北京、天津、河北、辽宁、上海、江苏、浙江、福建、山东、广东和海南 11 个省份；中部地区包括山西、吉林、黑龙江、安徽、江西、河南、湖北、湖南 8 个省份；西部地区包括内蒙古、广西、重庆、四川、贵州、云南、陕西、甘肃、青海、宁夏、新疆 11 个省份（西藏因数据缺失严重，不包括在研究样本内）。

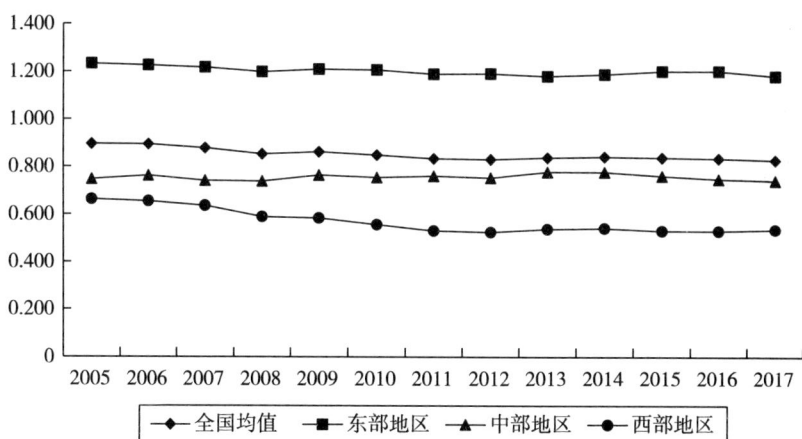

图 4 - 1　2005 ~ 2017 年东中西部地区科技人才集聚水平变化趋势

　　具体地，2005 ~ 2017 年，东部地区科技人才集聚水平相对比较稳定，集聚水平均值在 1.2 左右，且呈现明显高于全国及中部、西部地区的特征。中部地区科技人才集聚水平呈现波动上升态势，且均值维持在 0.7 ~ 0.8，略低于全国平均水平，表明近年中部地区科技人才逐步呈现集聚化发展态势。相比较而言，西部地区科技人才集聚水平远低于全国及东部地区的平均水平，均值基本维持在 0.5 左右，且西部地区科技人才集聚水平呈现下降趋势。综上表明，中国各区域科技人才集聚水平存在较大差异，由于区位优势等因素，大部分科技人才集中在东部和内陆经济发达省市，而中西部地区由于人才流失和人才缺口严重等问题，形成了科技人才集聚的洼地（见表 4 -1）。

表 4 - 1　2005 ~ 2017 年中国 30 个省份科技人才集聚水平

省份	2005 年	2008 年	2011 年	2014 年	2017 年	均值	均值排名
北京	2.827	2.062	1.584	1.599	1.452	1.839	1
江苏	1.701	1.713	2.112	1.533	1.650	1.786	2
天津	1.440	1.495	1.385	1.889	1.673	1.608	3
上海	1.681	1.565	1.493	1.277	1.269	1.525	4
浙江	1.261	1.336	1.274	1.512	1.651	1.399	5

续表

省份	2005 年	2008 年	2011 年	2014 年	2017 年	均值	均值排名
广东	1.103	1.469	1.659	1.265	1.260	1.378	6
陕西	1.342	1.166	0.933	0.926	0.841	1.047	7
山东	0.855	1.104	1.088	1.114	1.118	1.038	8
安徽	0.708	0.893	0.985	1.221	1.190	0.996	9
湖北	1.000	0.960	0.972	0.981	0.881	0.959	10
福建	0.746	0.802	0.812	1.022	0.913	0.839	11
辽宁	1.111	0.931	0.699	0.737	0.748	0.836	12
四川	1.082	0.977	0.672	0.729	0.800	0.823	13
湖南	0.782	0.686	0.778	0.885	1.012	0.823	14
重庆	0.955	0.883	0.603	0.693	0.852	0.779	15
吉林	0.818	0.751	0.806	0.733	0.649	0.777	16
河北	0.703	0.572	0.657	0.758	0.925	0.696	17
河南	0.610	0.621	0.703	0.717	0.629	0.669	18
黑龙江	0.753	0.662	0.714	0.684	0.502	0.659	19
宁夏	0.566	0.560	0.604	0.639	0.607	0.598	20
山西	0.636	0.727	0.578	0.533	0.487	0.595	21
江西	0.669	0.606	0.545	0.460	0.584	0.568	22
甘肃	0.722	0.648	0.535	0.505	0.401	0.561	23
内蒙古	0.464	0.463	0.526	0.595	0.515	0.529	24
广西	0.529	0.492	0.587	0.506	0.405	0.507	25
云南	0.501	0.404	0.358	0.358	0.482	0.409	26
青海	0.508	0.330	0.413	0.369	0.391	0.406	27
贵州	0.388	0.337	0.330	0.387	0.393	0.364	28
海南	0.137	0.139	0.317	0.365	0.334	0.275	29
新疆	0.239	0.220	0.276	0.244	0.199	0.250	30
全国均值	0.895	0.852	0.833	0.841	0.827		
东部地区	1.233	1.199	1.189	1.188	1.181		
中部地区	0.747	0.738	0.760	0.777	0.742		
西部地区	0.663	0.589	0.531	0.541	0.535		

表4-1具体列出了2005～2017年中国30个省份部分年份科技人才集聚水平测度结果。基于2005～2017年30个省份科技人才集聚水平均值排名可知，科技人才集聚水平均值排名前八的省份依次为北京、江苏、天津、上海、浙江、广东、陕西及山东，主要位于东部地区，且这8个省份科技人才集聚区位熵指数均值均大于1，属于绝对集聚优势地区；是31省份中科技人才集聚整体水平最高的地区。原因在于，这些省份创新能力较强，创新平台基础设施建设完善、互联网等新媒体技术能从各方面为吸引科技人才集聚提供支撑，科技人才集聚初具规模。

排名后8位的省份依次为甘肃、内蒙古、广西、云南、青海、贵州、海南及新疆，这些省份科技人才集聚水平基本均小于0.5，甚至少部分省份出现了科技人才集聚水平低于0.3的尴尬局面，表明当地科技人才资源严重缺乏。同时，这些省份基本属于经济欠发达的西部地区，难以引来优秀的科技人才及外界投资资本等，属于科技人才集聚劣势地区。

2.285个城市科技人才集聚水平及空间分异特征

为了深入直观地反映中国科技人才集聚的空间差异特征，进一步将285个城市科技人才集聚水平按照从高到低的顺序划分为高集聚水平（1.30以上）、中高集聚水平（1.0～1.3）、中低集聚水平（0.5～1.0）与低集聚水平（0～0.5）四类，并运用Arcgis10.2软件分别将2005年、2009年、2013年与2017年的科技人才空间集聚差异特征进行可视化①。

基于分析结果，总体来看，科技人才空间集聚不均衡特征明显，高集聚水平的城市空间上呈现明显的"点状"分布特征，且处于中高集聚水平以上的城市多集中于各省会城市或区域中心城市。2005～2017年，北京、上海、西安、深圳、成都、武汉等城市始终在科技人才集聚水平排序中位于前列，同时，杭州、济南、长春、郑州等呈现较高的科技人才吸引力，区位熵指数均大于1，表明这些城市科技人才总体上呈现稳定集聚发展态势，区域经济、政治、文化、教育等发展较好。同时，中国低集聚水平与

---

① 可视化图省略，感兴趣的读者可向笔者索取。

中低集聚水平城市数量仍然占据绝大多数，且这些城市普遍在地理位置、经济实力、城市吸引力及基础设施等方面存在不足，特别是中西部地区多数城市属于科技人才低集聚水平，表明中国科技人才空间集聚的不均衡特征明显。

从时间维度来看，2005～2007年，科技人才高集聚水平的城市数量有所增加且分布范围逐渐向中西部及东北地区扩散；对比2005年与2017年科技人才集聚的空间特征可知，2005年科技人才高集聚水平的城市主要分布在北京、天津、上海、西安、郑州与深圳等各省省会城市，中西部大部分城市及非省会城市的科技人才集聚水平普遍偏低；相比2005年，2017年科技人才集聚格局发生了一定的变化，高集聚水平的城市数量明显增多，呈现以省会城市、部分一、二线城市为核心的"中心—外围"空间结构特点，如2005～2017年京津冀城市群内逐渐形成了以北京、天津等为核心的局域"多核"科技人才集聚格局，增强了局域经济圈内的人才吸引力。同时，分析发展，2017年中高集聚水平城市的数量呈现出逐渐由中部到西部地区增多的趋势，且中部地区的武汉以及西南地区的重庆、成都等城市相比于周边城市拥有相对较高的科技人才集聚水平，逐渐形成科技人才集聚态势。

二、科技人才集聚的时空趋同演化规律

前文对区域科技人才集聚的整体空间差异特征进行了分析，但仍不能充分反映科技人才集聚的趋同演化规律以何种形式存在。因此，在空间差异特征分析的基础上，本书进一步结合传统马尔可夫链与空间马尔可夫链统计方法，通过量化测度分析科技人才集聚水平前后年份之间的演化规律及各地区科技人才集聚水平演变过程中邻域背景对科技人才集聚动态演化规律的影响。

（一）马尔可夫链方法

1. 传统马尔可夫链

传统马尔可夫链（Markov Chain）是一种时间和状态均为离散的马尔可夫过程，通过把地理现象连续状态的随机序列在具体应用中离散化处理转换成 k 种类型，并进一步计算不同类型的概率分布以反映研究对象的时空动态演化规律（陈培阳和朱喜钢，2013；陶晓红和齐亚伟，2013）。具体地，定义区域科技人才集聚随机序列为 $\{X_m(t), m \in M, t \in T\}$，并假设可将科技人才集聚水平离散化为 k 种类型，则 t 年份科技人才集聚水平不同类型的概率分布可表示为 $1 \times k$ 的状态概率向量 P_t，即 $P_t = [p_{1t}, p_{2t}, \cdots, p_{kt}]$；相应地，用一个 $k \times k$ 的马尔可夫转移概率矩阵 M 表示不同年份科技人才集聚水平不同类型间的转移状况。其中，元素 m_{ij} 表示 t 年份属于类型 i 的地区在下一年份转移成 j 类型的转移概率，计算公式如下：

$$m_{ij} = \frac{n_{ij}}{n_i} \tag{4-3}$$

式中，n_{ij} 表示研究期间内科技人才集聚水平由 t 年份属于 i 类型在 $t+1$ 年份转移为 j 类型的地区数，n_i 表示研究期内属于类型 i 的地区数。若一个地区初始年份的科技人才集聚水平为 i 类型，在下一年份类型有所提高，则该地区科技人才集聚水平向上转移；反之，表示向下转移。

2. 空间马尔可夫链

空间马尔可夫链把"空间滞后"概念引入，以分析不同邻域背景下（即不同空间滞后条件下）某区域单元的趋同演化规律，它能够同时把研究对象的区域空间相互作用与时间上的相关性特征结合对其演化规律进行分析，是对传统马尔可夫法的改进（蒲英霞等，2005）。具体构建过程为：根据科技人才集聚水平类型的划分（k 个类型）及地区 i 在 t 年份的空间滞后类型，可以把 k×k 的传统马尔可夫转移概率矩阵分解为 k 个 k×k 条件转移概率矩阵。其中，对第 k 个条件转移概率矩阵而言，m_{ij}（k）表示以类型 k 为空间滞后条件时，某地区的科技人才集聚水平在 t 年份属于 i

类型而在下一年转移为 j 类型的转移概率，具体地，空间滞后值的引入通过区域属性值和空间权重矩阵乘积的计算来实现，具体公式如下：

$$Lag = \sum Y_i W_{ij} \tag{4-4}$$

式中，Y_i 表示某地区的属性值，这里指科技人才集聚水平；W_{ij} 表示空间权重矩阵，这里采用各地区间是否存在公共边界原则进行确定。

考虑到现有关于区域科技人才集聚演化规律的分析多基于省级数据，缺少更细尺度的研究，而城市作为集聚创新活动的适宜空间尺度，能够产生创新集聚效应的空间尺度要远远小于省级甚至市级行政区尺度。因此，本节采用以上两种方法对中国 285 个城市 2005～2017 年科技人才集聚水平的动态演化规律进行分析。

（二）时空趋同演化规律分析

具体地，参考蒲英霞等（2005）、张虎和周迪（2016）、郭淑芬等（2019）学者的划分方法，依据科技人才集聚水平均值的 45%、85% 和 125% 作为分界点，将其划分为低集聚水平、中低集聚水平、中高集聚水平与高集聚水平四种类型。基于以上划分借助 Matlab R2014a 软件模拟得出 2005～2017 年科技人才集聚水平趋同演化的转移概率矩阵（见表 4 - 2）与条件转移概率矩阵（见表 4 - 3）①，以揭示不考虑邻域背景与考虑邻域背景条件下各地区科技人才集聚水平趋同演化的规律特征。

表 4 - 2 2005～2017 年科技人才集聚的马尔可夫转移概率矩阵

$\dfrac{t}{t+1}$	n	低集聚 (<0.45)	中低集聚 (0.45~0.85)	中高集聚 (0.85~1.25)	高集聚 (>1.25)
低集聚	621	0.7794	0.2126	0.0064	0.0016
中低集聚	1331	0.1067	0.7821	0.0969	0.0143
中高集聚	744	0.0081	0.1935	0.6922	0.1062
高集聚	724	0.0028	0.0152	0.1105	0.8715

———————

① 表 4 - 2 与表 4 - 3 中，各概率矩阵主对角线上的概率值表示考察期内低集聚水平、中低集聚水平、中高集聚水平与高集聚水平四种类型在下一年维持原状态类型的概率，非主对角线上的概率值表示下一年不同类型间发生相互转移的概率值。

1. 不考虑邻域背景下科技人才集聚的趋同演化规律

结合表 4 - 2，从 2005 ~ 2017 年四种类型发生的累计频次看，低集聚水平、中低集聚水平、中高集聚水平和高集聚水平的城市累计数量依次为 621 个、1331 个、744 个、724 个，这说明绝大多数的城市仍属于科技人才低集聚水平与中低集聚水平两种类型，而仅有少部分城市跨入了科技人才高集聚水平行列。具体而言，2005 ~ 2017 年，285 个城市不同集聚水平类型间转变存在以下特征：

（1）各地区科技人才集聚受到原有状态的影响，呈现增长惯性与路径依赖。由表 4 - 2 可知，所有位于主对角线上的概率值均大于非主对角线上的概率值，以科技人才低集聚水平与高集聚水平两类的演化概率值为例可知，初期为低集聚水平的城市在随后年份仍属于该类型的概率为 0.7794，而向中低集聚水平及以上类型转变的概率仅为 0.2206；初期属于科技人才高集聚水平的城市在下一年保持原类型的概率至少为 0.8715，而向中高集聚水平类型转移的概率仅为 0.1105。这表明各地区科技人才集聚水平的演化存在明显的"马太效应"现象，初期科技人才集聚水平较高的地区依靠长期积累优势与有效配置，在后续发展中可能会通过虹吸效应吸引更多的科技人才资源向本地区集聚，始终保持领先地位，如大部分科技人才高集聚水平的城市多为一、二线城市或多是局域范围内的中心城市，其地理区位、经济基础等各方面优势特征均较为明显；而科技人才短缺的地区则陷入人才匮乏陷阱，导致创新活力不足的局面。

（2）科技人才集聚不同类型间存在相互转化的可能，但是短时期内低集聚水平、中低集聚水平和中高集聚水平均很难实现跨越式跃迁。结合表 4 - 2，科技人才低集聚水平地区向中低集聚水平、中高集聚水平与高集聚水平转变的概率值依次为 0.2126、0.0064 和 0.0016，表明该类型地区实现跨越式跃迁的概率极低；同理可知，中低集聚水平地区向中高集聚水平与高集聚水平类型趋同转变的概率值依次为 0.0969 与 0.0143。这在一定程度上反映出低集聚水平与中低集聚水平地区在短期内基本上不可能实现科技人才集聚水平类型的跃迁，原因可能在于：虽然科技人才会在区域间自由流动，但地区科技人才集聚水平的提升本身是一个循序渐进的过程，由于科技人才低集聚水平地区配套产业不完善、创新基础设施有待提升等导致这类地区仍未形成有利于科技人才集聚的长效机制，进而流入到低集聚水平地区的科技人才较少，长期处于低集聚水平阵营，在较短时间内难以实现跨越式跃迁。

2. 考虑邻域背景下科技人才集聚的趋同演化规律

在各地区科技人才集聚水平不均衡的情况下，地区间会发生人才的流入或流出，即地区间科技人才集聚水平不同类型的趋同转变在地理上并不孤立，而是会受到邻近地区科技人才集聚水平的影响。因此，这里在马尔可夫链基础上以"空间滞后"为条件进一步模拟估算了考虑邻域背景下的空间马尔可夫转移概率矩阵（见表4-3），以考察所处邻域科技人才集聚水平对于本地区科技人才集聚水平趋同转变的影响。

表4-3　2005~2017年科技人才集聚的空间马尔可夫转移概率矩阵

空间滞后	初期	n	后期			
			低集聚 （<0.45）	中低集聚 （0.45~0.85）	中高集聚 （0.85~1.25）	高集聚 （>1.25）
低集聚	低集聚	49	0.6531	0.3469	0.0000	0.0000
	中低集聚	56	0.0714	0.7143	0.1786	0.0357
	中高集聚	23	0.0000	0.0870	0.6087	0.3043
	高集聚	62	0.0000	0.0161	0.0484	0.9355
中低集聚	低集聚	323	0.7678	0.2260	0.0062	0.0000
	中低集聚	499	0.1062	0.7876	0.0982	0.0080
	中高集聚	202	0.0050	0.1931	0.6881	0.1139
	高集聚	243	0.0000	0.0082	0.0864	0.9053
中高集聚	低集聚	169	0.8580	0.1302	0.0118	0.0000
	中低集聚	494	0.1154	0.7713	0.1032	0.0101
	中高集聚	303	0.0132	0.2277	0.6502	0.1089
	高集聚	221	0.0045	0.0181	0.1357	0.8416

续表

空间滞后	初期	n	后期			
			低集聚 （<0.45）	中低集聚 （0.45~0.85）	中高集聚 （0.85~1.25）	高集聚 （>1.25）
高集聚	低集聚	75	0.7333	0.2533	0.0000	0.0133
	中低集聚	275	0.0982	0.8036	0.0691	0.0291
	中高集聚	216	0.0046	0.1574	0.7639	0.0741
	高集聚	198	0.0051	0.0202	0.1313	0.8434

　　具体地，结合表4-2和表4-3，若邻域科技人才集聚对本地区科技人才集聚没有影响，则表4-3中低集聚水平、中低集聚水平、中高集聚水平与高集聚水平四种空间滞后条件下的转移概率矩阵取值应该都是一样的，且与表4-2中的传统马尔可夫转移概率矩阵相同，很显然，这是不成立的，因此，考虑空间相关性对科技人才集聚演化规律的影响是很有必要的。结合表4-3，在不同的邻域背景下，不同科技人才集聚水平类型的地区向上或向下转移的概率与不考虑邻域科技人才集聚水平影响下的概率值存在明显差异。例如，对低集聚水平地区而言，在低集聚水平、中低集聚水平、中高集聚水平和高集聚水平的邻域背景下，向中低集聚水平趋同转变的概率依次为0.3469、0.2260、0.1302和0.2533，即邻域科技人才集聚水平越高可能会通过虹吸效应汲取周边地区的科技人才，不利于带动周边低集聚水平地区。同时，整体而言低集聚水平地区在不同邻域背景下向上一级趋同转变的概率偏低，这可能是由于低集聚水平地区创新基础设施不完善、经济发展水平较低等导致其对科技人才集聚的吸引力不足。综上所述，科技人才集聚水平不同类型间的转移在地理上并不孤立，表现为邻域科技人才集聚水平对本地区科技人才集聚的趋同演化有一定影响，在不同的邻域背景下，各地区科技人才集聚水平趋同演化的转移概率各不相同。

三、全要素生产率增长测度及区域差异特征

对全要素生产率进行测度研究的文献主要包括传统的全要素生产率（仅考虑劳动、资本等要素投入及经济产出）与绿色全要素生产率（在考虑劳动、资本要素投入及经济产出的同时也考虑能源、资源消耗与环境污染等非期望产出）两类。相较而言，绿色全要素生产率将能源、资源环境因素等指标纳入考虑范畴，对传统的全要素生产率测度进行了修正与补充，能更准确合理地对一个地区的经济增长绩效进行评价（Young，1995；李卫兵和涂蕾，2017）。因此，为使测算结果更符合实际，本节在借鉴现有研究的基础上，将能源资源消耗、环境污染等非期望产出因素纳入测算指标体系对全要素生产率增长进行测算。

（一）Mulmquist - Luenberger 指数

1. 全域 SBM 方向性距离函数构建

Chung 等（1997）首次从期望产出与非期望产出视角进行了产出方向上的划分，并将污染排放物看作非期望产出纳入测算分析中，运用方向距离函数与 Mulmquist - Luenberger（ML）指数测算了瑞典纸浆厂的绿色全要素生产率。得益于 Chung 等（1997）的研究，学者们对包含非期望产出的绿色全要素生产率测算问题进行了大量探索，主要可归纳为两类：一是基于方向性距离函数（Directional Distance Function，DDF）与 ML 生产率指数相结合的测算；二是基于松弛变量的方向性距离函数（Slack - Based Measure，SBM）与 ML 生产率指数相结合的测算。二者的区别在于，在界定环境技术约束条件时，若不存在松弛变量，则基于松弛变量的方向距离函数等同于普通的方向性距离函数；当存在松弛变量时，由于普通方向性距离

函数难以反映松弛变量特征，进而会影响效率值估计（Fukuyama & Weber，2009）。

基于以上分析，本书借鉴 Tone（2001）、Fukuyama 和 Weber（2009）等做法，通过构建全域 SBM 方向性距离函数模型，既有效克服了效率评价的松弛问题，又将投入、期望产出与非期望产出等纳入测算分析中。假设每个地区为一个决策单元（DUM），每个 DUM 使用 u 种要素投入 $x = (x_1, x_{2,\cdots,}x_u) \in \mathbf{R}_u^+$，得到 m 种合意产出 $y = (y_1, y_2, \cdots, y_m) \in \mathbf{R}_m^+$ 和 n 种非合意产出 $z = (z_1, z_2, \cdots, z_n) \in \mathbf{R}_n^+$。同时，假定每个地区 $i = 1$，$2, \cdots, I$，且每个时期为 $t = 1, 2, \cdots, T$，则 i 地区 t 时期的投入、产出值可表示为 (x_{it}, y_{it}, z_{it})。

进一步地，假设生产可能集满足：闭集与有界集、投入与合意产出的自由可处置性、零结合性与产出弱可处置性等，那么当期生产可能集合可表示如下：

$$P^t(x^t) = \begin{cases} (y^t, z^t): \sum_{i=1}^{I} \lambda_i^t y_{im}^t \geq y_{im}^t, \forall m; \\ \sum_{i=1}^{I} \lambda_i^t z_{in}^t = z_{in}^t, \forall n; \sum_{i=1}^{I} \lambda_i^t x_{in}^t \leq x_{in}^t, \forall u; \\ \sum_{i=1}^{I} \lambda_i^t = 1, \lambda_i^t > 0, \forall i \end{cases} \qquad (4-5)$$

式中，λ_i^t 表示各横截面观察值的权重；当 $\lambda_i^t > 0$ 且 $\lambda_i^t = 1$ 时，表示规模报酬可变，当 $\lambda_i^t > 0$ 时，表示规模报酬不变。

同时，为构建具有传递性的生产率指数，进一步借鉴 Oh（2010）的做法，将当期生产可能集合 $P^t(x^t)$ 扩展为全域生产可能性集合 $P^G(x) = P^1(x^1) \cup P^2(x^2) \cup \cdots P^T(x^T)$，具体表示如下：

$$P^G(x) = \begin{cases} (y^t, z^t): \sum_{t=1}^{T} \sum_{i=1}^{I} \lambda_i^t y_{im}^t \geq y_{im}^t, \forall m; \\ \sum_{t=1}^{T} \sum_{i=1}^{I} \lambda_i^t z_{in}^t = z_{in}^t, \forall n; \sum_{t=1}^{T} \sum_{i=1}^{I} \lambda_i^t x_{in}^t \leq x_{in}^t, \forall u; \\ \sum_{i=1}^{I} \lambda_i^t = 1, \lambda_i^t > 0, \forall i \end{cases}$$

$$(4-6)$$

因此，将投入、产出和松弛量引入目标函数中，构建全域 SBM 方向性距离函数如下：

$$S_V^G(x^{i,t}, y^{i,t}, z^{i,t}, g^x, g^y, g^z)$$

$$= \max_{s^X, s^Y, s^Z} \left[\frac{1}{U} \sum_{u=1}^{U} \frac{s_u^x}{g_u^x} + \frac{1}{M+1} \left(\sum_{m=1}^{M} \frac{s_m^y}{g_m^y} + \sum_{n=1}^{N} \frac{s_n^z}{g_n^z} \right) \right] / 2$$

$$s.t. \sum_{t=1}^{T} \sum_{i=1}^{I} \lambda_i^t x_{in}^t + S_u^x = x_{iu}^t, \forall u$$

$$\sum_{t=1}^{T} \sum_{i=1}^{I} \lambda_i^t y_{im}^t - S_m^x = y_{im}^t, \forall m$$

$$\sum_{t=1}^{T} \sum_{i=1}^{I} \lambda_i^t z_{in}^t + S_n^z = z_{im}^t, \forall n$$

$$\sum_{i=1}^{I} \lambda_i^t = 1, \lambda_i^t \geqslant 0, \forall i; s_u^x \geqslant 0, \forall u \qquad (4-7)$$

式中，S_V^G 表示规模报酬可变下的方向性距离函数；$(x^{i,t}, y^{i,t}, z^{i,t})$ 表示 i 地区 t 期投入、期望产出及非期望产出向量，(g^x, g^y, g^z) 表示投入减少、期望产出增加和非期望产出减少的方向向量，(s^x, s^y, s^z) 为松弛向量，表示投入过度、期望产出不足和非期望产出过量。

2. Mulmquist – Luenberger 指数构建

Oh（2010）利用全局生产可能性集 PG（x）和全局方向性距离函数构建了全域 Malmquist – Luenberger 生产率指数（GML）对 TFP 进行测度与分解。因此，本书借鉴 Oh（2010）的做法，基于 SBM 方向性距离函数构建全域 Malmquist – Luenberger 生产率指数，具体如下：

$$GML_t^{t+1} = \frac{1 + S_V^G(x^t, y^t, y^t; g)}{1 + S_V^G(x^{t+1}, y^{t+1}, y^{t+1}; g)} = GEL_t^{t+1} \times GTL_t^{t+1} \qquad (4-8)$$

$$GEL_t^{t+1} = \frac{1 + S_V^t(x^t, y^t, y^t; g)}{1 + S_V^{t+1}(x^{t+1}, y^{t+1}, y^{t+1}; g)} \qquad (4-9)$$

$$GTL_t^{t+1} = \frac{(1 + S_V^G(x^t, y^t, z^t; g)) / (1 + S_V^t(x^t, y^t, z^t; g))}{(1 + S_V^G(x^{t+1}, y^{t+1}, z^{t+1}; g)) / (1 + S_V^{t+1}(x^{t+1}, y^{t+1}, z^{t+1}; g))}$$

$$(4-10)$$

式（4-8）中，$GML_t^{t+1} > 1$ 表示 TFP 增长，$GML_t^{t+1} < 1$ 表示 TFP 下降，

$GML_t^{t+1} = 1$ 表示 TFP 不变，且 GML_t^{t+1} 指数可进一步分解为技术效率指数（GEL_t^{t+1}）和技术进步指数（GTL_t^{t+1}）。

（二）全要素生产率增长测度指标体系

结合中国经济高质量发展阶段绿色低碳发展的要求，本书在全要素生产率增长测度指标选取时，参考了陈阳和唐晓华（2018）、郭淑芬和郭金花（2019）的做法，不仅纳入了传统的劳动力、资本投入与期望产出，而且引入了能源资源投入及污染物排放等非期望产出指标。具体地，考虑到省级尺度与地市级尺度全要素生产率增长测度时，投入产出指标的选择与计算过程类似，这里仅以 285 个地级市测度指标选取为例进行说明①（见表 4 - 4）。

表 4 - 4　全要素生产率增长测度的指标体系构建

一级指标	二级指标	变量具体测度指标说明
投入指标	劳动力投入	各城市历年单位从业人数（万人）
	能源投入	各城市全年全市用电量（亿千万时）
	资本投入	各城市历年固定资产资本存量（亿元）
产出指标	期望产出	各城市历年地区生产总值（亿元）
	非期望产出	各城市历年工业废水排放量（万吨）
		各城市历年工业二氧化硫排放量（万吨）
		各城市历年工业烟（尘）排放量（万吨）

具体地，投入指标包括劳动力投入、能源投入与资本投入。①劳动力投入，采用各城市历年单位从业人数表征；②能源投入，本书借鉴陈阳和唐晓华（2018）的做法，采用各城市全年全市用电量表征；③资本投入，采用各城市历年固定资产资本存量表征，具体采用永续盘存法进行估算，计算公式如下：

---

① 关于 30 个省份相关投入、产出指标的选取与计算过程类似，因此，这里不再赘述。

$$K_{it} = K_{it-1}(1-\delta) + I_{it} \tag{4-11}$$

式中，K_{it}表示第i城市t年的固定资本存量，I_{it}表示第i城市t年的新增固定资本投资，δ表示折旧率，由于计算固定资本存量需要确定基期固定资本存量K_0、新增固定资产投资I_{it}、折旧率δ和固定资产价格指数等变量。因此，本书设定2005年为基期，基期固定资本存量为：$K_0 = I_0 / (\delta + g)$，g为2005~2017年各城市固定资产投资的平均几何增长率，同时，借鉴单豪杰（2008）的做法设定固定资产折旧率为10.96%。城市固定资产价格指数直接采用各省份固定资产价格指数匹配得到，并将其换算成以2005年为基期的固定资产价格指数进行折算。

产出指标包括期望产出与非期望产出。其中，①期望产出，采用各城市地区生产总值表征，为了消除通货膨胀的影响，采用以2005年为基期对数据进行平减，考虑到各城市没有换算指数，这里选用各城市所在省份的 GDP 价格指数平减为2005年不变价；②非期望产出，采用各城市历年工业废水排放量、工业二氧化硫排放量、工业烟（尘）排放量三项指标表征。

同理，与前文类似，本节依次对中国30个省份及285个地级市的全要素生产率增长变动情况进行了测算。具体数据主要来源于历年《中国城市统计年鉴》、EPS 数据库及历年《中国统计年鉴》等，样本筛选的细节性说明同前，这里不重复赘述。

（三）测度结果及空间差异特征

综上，通过构建全域 SBM 方向性距离函数，并结合 Malmquist - Luenberger 生产率指数法对全要素生产率进行测算，测算软件为 MAXDEA Pro 6.19。基于测度结果，本节对中国不同区域尺度全要素生产率增长的变动趋势及空间特征进行分析。

1. 全要素生产率增长的区域比较与省域特征

考虑到中国东中西三大区域的区位条件、经济发展水平及发展方式等存在较大差异，基于测度结果，表4-5中列出了2005~2017年中国东中

西部地区的全要素生产率增长均值。总体而言，2005～2017 年全国全要素
生产率增长的均值为 1.016，表明中国的全要素生产率得到了明显改善，
但具体结合各年均值可知，2006～2007 年、2007～2008 年、2010～2011
年、2015～2016 年和 2016～2017 年全要素生产率增长的均值大于1，其
余年份均小于1，表明总体上全要素生产率呈现波动增长态势。

表 4－5　2005～2017 年中国东中西部地区全要素生产率增长情况

年份	全国均值	东部地区均值	中部地区均值	西部地区均值
2005～2006	0.905	0.920	0.863	0.919
2006～2007	1.011	1.034	0.979	1.012
2007～2008	1.025	1.024	1.023	1.028
2008～2009	0.917	0.970	0.872	0.895
2009～2010	0.970	1.011	1.021	0.892
2010～2011	1.014	1.003	1.006	1.031
2011～2012	0.927	0.935	0.934	0.913
2012～2013	0.942	0.977	0.937	0.912
2013～2014	0.923	0.958	0.932	0.883
2014～2015	0.959	0.992	0.949	0.934
2015～2016	1.381	1.319	1.929	1.045
2016～2017	1.220	1.262	1.203	1.191
均值	1.016	1.034	0.971	0.971

　　分区域来看，2005～2017 年三大区域全要素生产率增长整体均呈现增
长态势，结合表 4－5 可知，东部地区、中部地区和西部地区的全要素生
产率增长率依次为 37.17%、39.40% 和 29.60%，表明东部地区和中部地
区的全要素生产率增速明显高于西部地区。同时，结合 2005～2017 年中
国东中西三大区域全要素生产率增长的变化趋势可知（见图 4－2），三大
区域全要素生产率均呈现先波动下降后稳步上升的变化趋势。对比三大区
域全要素生产率增长的差异，东部地区的全要素生产率增速明显高于中部

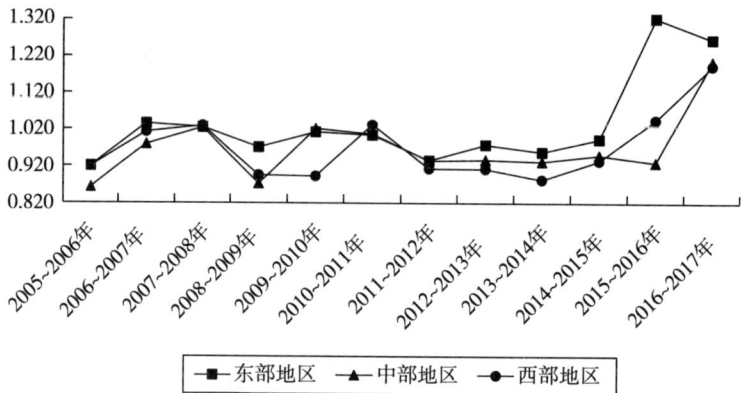

图 4 - 2   2005 ~ 2017 年东中西部地区全要素生产率增长变化趋势

地区和西部地区，呈现东部地区的全要素生产率增速最大，中部其次，西部最低。从 2005 ~ 2017 年的变化趋势来看，大体可以划分为 2005 ~ 2012 年和 2012 ~ 2017 年两个阶段，2005 ~ 2012 年三大区域全要素生产率增长较为平缓，2012 年以来，三大区域全要素生产率均呈现明显的稳步上升趋势，特别是东部地区从 2011 ~ 2012 年平均增长为 0.935，增长到 2016 ~ 2017 年的 1.262。

同时，表 4 - 6 具体列出了 2005 ~ 2017 年中国 30 个省份部分年份全要素生产率增长的测度结果。由表 4 - 6 可知，30 个省份全要素生产率增长均值排名前 8 位的省份依次为上海、北京、海南、浙江、广东、江苏、山西和山东，这些省份的全要素生产率增长均值分别为 1.028、1.027、1.023、1.018、1.017、1.014、1.011 和 1.007，均大于 1，表明这些省份的全要素生产率整体呈增长态势。而排名后 8 位的省份依次为陕西、贵州、甘肃、云南、新疆、河北、黑龙江及内蒙古，这些省份中大部分全要素生产率增长均值小于 0.950，特别是新疆、内蒙古、贵州、黑龙江等省份历年全要素生产率增长均小于 1，且基本位于经济欠发达的西部地区（见图 4 - 2）。

表4-6　2005~2017年中国30个省份全要素生产率增长情况

省份	2005~2006年	2008~2009年	2012~2013年	2016~2017年	均值	均值排名
上海	1.012	1.005	1.016	1.126	1.028	1
北京	1.043	1.004	1.011	1.074	1.027	2
海南	1.018	0.999	0.975	1.083	1.023	3
浙江	0.811	0.999	0.997	1.021	1.018	4
广东	1.019	1.03	0.998	1.015	1.017	5
江苏	1.002	0.999	1.006	1.032	1.014	6
山西	0.943	0.944	0.968	1.071	1.011	7
山东	1.013	0.995	0.998	1.055	1.007	8
辽宁	0.977	0.918	0.968	1.197	0.993	9
四川	0.953	0.874	0.874	1.193	0.991	10
福建	0.657	0.908	0.941	1.072	0.990	11
天津	1.023	0.992	0.925	1.036	0.988	12
广西	0.927	0.863	0.941	0.950	0.979	13
湖北	0.893	0.894	0.943	1.027	0.979	14
吉林	0.914	0.910	0.932	0.972	0.978	15
湖南	0.904	0.864	0.973	1.052	0.977	16
安徽	0.890	0.887	0.902	1.083	0.977	17
宁夏	0.959	0.932	0.869	1.025	0.975	18
江西	0.951	0.865	0.906	1.089	0.969	19
青海	1.023	0.957	0.993	0.999	0.962	20
重庆	0.907	0.891	0.939	1.023	0.961	21
河南	0.875	0.834	0.895	1.042	0.954	22
陕西	0.933	0.880	0.880	1.077	0.953	23
贵州	0.907	0.868	0.956	0.980	0.950	24
甘肃	0.968	0.880	0.855	1.007	0.948	25
云南	0.903	0.864	0.957	1.003	0.942	26
新疆	0.951	0.852	0.880	0.983	0.938	27
河北	0.549	0.825	0.914	1.177	0.935	28
黑龙江	0.535	0.782	0.973	0.985	0.920	29
内蒙古	0.679	0.988	0.889	0.863	0.919	30

2.285 个城市全要素生产率增长变化趋势及空间差异特征

在前文分析基础上，本部分基于测度结果对 2005～2017 年中国 285 个城市全要素生产率增长的变化趋势进行了分类统计（见表 4-7），以考察研究期内各城市全要素生产率增长情况。由表 4-7 可知，TFP≥1 的城市数量和比例呈现波动增长趋势，在 2005～2006 年 TFP≥1 的城市有 73 个，占城市总数的 25.61%，之后各年 TFP≥1 的城市数量呈现波动增长，在 2016～2017 年，TFP≥1 的城市数量达到 106 个，占城市总数的 37.19%，意味着有超过 1/3 的城市全要素生产率得到了改善，表明近年这些城市的全要素生产率正在逐步提升。

表 4-7　2005～2017 年中国 285 个城市全要素生产率增长分类

年份	TFP≥1（个）	占比（%）	TFP<1（个）	占比（%）
2005～2006	73	25.61	212	74.39
2006～2007	118	41.4	166	58.25
2007～2008	210	73.68	75	26.32
2008～2009	86	30.18	198	69.47
2009～2010	164	57.54	121	42.46
2010～2011	108	37.89	177	62.11
2011～2012	110	38.6	174	61.05
2012～2013	70	24.56	214	75.09
2013～2014	96	33.68	189	66.32
2014～2015	129	45.26	156	54.74
2015～2016	243	85.26	42	14.74
2016～2017	106	37.19	179	62.81

注：TFP≥1 表示全要素生产率增长；TFP<1 表示全要素生产率下降。

进一步地，为了更清晰直观地观察 2005～2017 年中国城市全要素生产率增长的空间差异特征，本书进一步借助 Arcgis10.2 软件分别刻画了 2005 年、2009 年、2013 年与 2017 年中国城市全要素生产率增长的空间分布格局，结果发现，2005～2017 年中国城市全要素生产率增长的极核区域主要集中在几大城市群范围内，且呈现出以各省省会城市与局域中心城市为极核的多中心空间分布特征，且辐射范围在逐渐扩大。

具体分析发现，2005 年全要素生产率增长大于 1 的城市，主要集中分布在京津冀城市群、珠三角城市群，同时也有部分城市分散在成渝城市群，东北地区及长江中游地区，整体而言，全要素生产率增长大于 1 的城市分布较为分散。相比 2005 年，2017 年全要素生产率增长大于 1 的城市数量明显增加，从 2005 年的 73 个增加至 2017 年的 106 个，"高—高"型和"高—低"型城市均有所增加，这些城市较多分布在京津冀、中原城市群、长三角及珠三角城市群以及西部的成渝城市群范围内。

同时，进一步发现，2017 年京津冀与成渝城市群各城市的全要素生产率增长辐射范围持续加大，如受京津冀等创新溢出与扩散效应影响，邻近的保定、张家口、承德市等城市 2017 年全要素生产率得到了明显改善，带动了整个京津冀经济圈的城市全要素生产率提升。同理，中部地区的武汉，西部地区的西安、重庆、成都，以及以广州、深圳为创新极核的珠三角城市群在 2017 年均逐渐发展成为具有辐射带动作用的局域核心城市，其空间溢出效应带动了周边城市全要素生产率水平的提升。

四、本章小结

本章基于 2005～2017 年中国 285 个城市、30 个省份面板数据，通过构建区位熵指数与 Malmquist - Luenberger 生产率指数，对中国不同区域尺度科技人才集聚水平与全要素生产率增长情况进行了测算，并揭示了其空间差异特征与演化规律。研究表明：第一，中国东部和内陆经济发达省份的科技人才集聚水平偏高，而中西部地区省份科技人才集聚水平偏低；高集聚水平城市空间上呈现点状分布特征，且处于中高集聚水平以上的城市多集中于各省会城市或局域中心城市。同时，借助马尔科夫链发现，邻域科技人才集聚水平对本地区科技人才集聚的趋同演化有一定影响，在不同邻域背景下，科技人才集聚水平趋同转变的概率不同。第二，中国全要素生产率总体呈现波动上升趋势，东部地区全要素生产率增速明显高于中西部地区；从空间差异特征来看，全要素生产率增长的极核区集中在京津冀、长三角与珠三角城市群范围内，且辐射范围逐渐呈现以各省会城市与局域中心城市为主的多中心辐射格局。综上发现，二者具有较强的一致性，即科技人才空间集聚特征明显的区域，全要素生产率增长相对较为稳定。本章研究结论有利于为各地区结合各自发展阶段制定相关的人才引进政策及优化科技人才资源区域配置提供政策参考。

第五章

科技人才集聚、区域异质性与全要素生产率增长

　　高质量发展下区域科技人才合理集聚有利于形成集聚红利，使集聚地获得先行发展优势，促进全要素生产率增长；相反，过度集聚或集聚不合理则可能导致科技人才集聚的非经济效应。在现状特征分析基础上，本章系统探究了区域科技人才集聚对全要素生产率增长的影响机制及空间溢出效应，并考察了不同地理区位、行政等级及经济发展水平类型城市二者关系的区域异质性。在此基础上，进一步分析了有效市场与有为政府对二者关系的非线性调节效应，旨在全面深入认识区域科技人才集聚对全要素生产率增长影响的相关问题，以期为推动不同类型地区科技人才有效集聚，促进全要素生产率增长提供经验证据。

一、理论分析与模型构建

（一）理论分析与研究假设

1. 区域科技人才集聚对全要素生产率增长的影响机制

科技人才集聚包含"集"和"聚"两层含义，既强调了科技人才在特

定地域范围内的聚少成多，更突出了集聚区域内部科技人才间的协同互动
与有机聚合。科技人才具有较强的知识吸收能力与较高的研发创新效率
（朱承亮等，2012），一方面，科技人才在一定区域范围内集聚克服了时空
障碍，增强了彼此间的知识共享、技能匹配和学习交流，提高了知识传播
效率与溢出效应，更好地促进了科技人才集聚红利的释放（Duranton & Pu-
ga，2003；Ning et al.，2016；芮雪琴等，2015）。例如，在科技人才集聚水
平较高的地区，不同知识储备的人才会聚在一起，可通过近距离接触相
互间交流学习，加速知识传播扩散与吸收，尤其对于源自经验积累的隐
性知识，其传播范围和空间局限较大，在面对面接触中使隐性知识显性
化并产生溢出，这有利于提高区域创新效率，促进全要素生产率增长。
同时，科技人才集聚在区域内更容易形成创新合作，实现创新活动的风
险分担和收益共享，加速了知识商业化的进程，提高了创新成果转化效
率（刘晔等，2019），对促进全要素生产率增长发挥了重要作用。另一
方面，由于激烈市场竞争优胜劣汰的"选择效应"（Baldwin & Okubo，
2006；Melo et al.，2009），大量高人力资本、高生产率企业的集聚加剧
了要素市场人才、企业间的竞争（张先锋等，2018），迫使低效率企业
在市场竞争中被淘汰，中低层次的人力资本被挤出，这有利于促进全要
素生产率增长。此外，当一个地区科技人才集聚到一定规模后，新生创
新要素会选择在周边区域配置创新资源并通过空间邻近获得溢出效应
（张宓之等，2016），如科技人才集聚会促进区际间的人才交流与合作，
通过项目合作、人才输送、跨地区学术交流等产生知识外溢效应，从而
对邻近地区的全要素生产率增长产生影响。

但由于"趋优性"与"逐利性"，科技人才等会向要素配置效率更高、
边际收益更好和配置结构更完善的地区集聚（卓乘风和邓峰，2017）。随
着地区科技人才集聚规模不断提升，部分地区可能因科技人才过度集聚造
成"拥塞效应"，引发集聚不经济现象。一方面，当一个地区科技人才集
聚规模超过地区人力资本的承载力后，易造成同质人才的边际效益下降
（刘军和周绍伟，2004；李培园等，2019）。例如，过度集聚可能致使人才

浪费与管理难度加大，带来各方面成本上升（孙久文等，2015）；也可能造成高层次人才低层次就业，导致能力与岗位所需要的任职资格不相匹配，引发人才"高消费"甚至严重的人才浪费，进而造成效率损失，这不利于全要素生产率增长。另一方面，过度集聚的地区也可能继续吸取低集聚地区的科技人才资源，造成欠发达地区的人才缺口加剧，配置失衡，难以达到"人尽其用"的良好效果，造成区域整体的效率损失（刘修岩，2017），这不利于全要素生产率增长。

2. 不同类型区域二者关系的异质性影响机制

中国不同地区在地理位置、行政等级及经济发展水平等方面存在明显差异。大部分东部地区城市、省会城市等在综合经济实力、科技创新能力等方面均领先于中西部地区、非省会等其他城市，并且具有更高的工资待遇和更好的就业机会以及更加完善的医疗、教育与交通等基础设施，这些都具有明显的比较优势，更容易吸引科技人才集聚，发挥科技人才集聚效应优势，促进全要素生产率增长。例如，Curran 和 Blackburn（1994）指出地区经济发展水平是影响科技人才集聚的重要因素，地区经济发展水平落后可能会致人力资本流失，而经济发展水平高的地区人力资本集聚效应明显（陈得文和苗建军，2012）。因此，具有明显比较优势的城市往往科技人才集聚水平更高，科技人才集聚对全要素生产率增长的促进作用更明显。但在长期累积效应下，也会造成科技人才等过度集聚，逐步凸显出"滚雪球效应"，使得科技人才集聚接近"人才饱和状态"（张明志和余东华，2018），这不利于全要素生产率增长。例如，孙久文等（2015）指出由于过度集聚引发的拥堵、污染等"大城市病"限制了城市经济效率的提升，即集聚经济对大城市经济效率的带动作用较为有限，中小城市可能因集聚所获得的收益反而更大。相较而言，经济不发达地区、中西部地区、三四线城市等科技人才基数本身就少，同时，受限于产业结构单一及基础设施落后等限制导致人才流失和人才缺口等问题严重。因此，这类城市大部分不但难以享受科技人才集聚带来的发展红利，而且更容易陷入"人才集聚陷阱"。

基于上述分析，提出以下研究假说：

假说 5.1：科技人才集聚对全要素生产率增长的影响呈倒 U 形，即科技人才集聚存在拐点，过度集聚会造成一定的效率损失。

假说 5.2：在不同地理区位、不同行政等级及不同经济发展水平的城市科技人才集聚对全要素生产率增长的影响存在差异。

假说 5.2（a）：东部地区城市科技人才集聚对全要素生产率增长的影响呈倒 U 形，中西部地区科技人才集聚水平偏低，对全要素生产率增长影响不显著。

假说 5.2（b）：省会城市科技人才集聚对全要素生产率增长的影响呈倒 U 形，非省会城市科技人才集聚水平偏低，对全要素生产率增长影响不显著。

假说 5.2（c）：一、二线城市科技人才集聚对全要素生产率增长的影响呈倒 U 形，三线及以下城市科技人才集聚水平偏低，对全要素生产率增长影响不显著。

假说 5.2（d）：高经济发展水平城市科技人才集聚对全要素生产率增长的影响呈倒 U 形，低经济发展水平城市科技人才集聚水平偏低，对全要素生产率增长影响不显著。

（二）模型构建与变量说明

1. 模型推导与构建

经济集聚是经济活动在某一空间单元内密集程度的反映，Ciccone 和 Hall（1996）、Ciccone（2002）较早通过规范的数理推导分析了经济活动的空间密度与劳动生产率之间的关系，该数理模型的推导允许存在规模报酬递增，并充分考虑了空间因素对产出的影响，为刻画集聚经济的相关研究提供了理论依据。基于他们的推导，部分学者进行了扩展，如洪进等（2011）进一步将创意资本纳入模型中，对创意阶层集聚与区域劳动生产率的关系进行了推导；邵帅等（2019）将能源消费、碳排放分别视为投入要素与非期望产出纳入该函数进行扩展，推导经济集聚对碳排放的影响；

林伯强和谭睿鹏（2019）则将能源纳入该生产函数，推导了经济集聚与绿色经济效率的关系。本书基于 Ciccone 和 Hall（1996）、Ciccone（2002）的数理模型推导，参考洪进等（2011）、邵帅等（2019）、林伯强和谭睿鹏（2019）等的拓展推导，将科技人才视为投入要素引入模型并将其进行拓展与修正，进而推导区域科技人才集聚对全要素生产率增长的影响关系。具体地，修正后的模型推导过程如下：

假设一个国家（c）拥有若干土地面积大小不一的区域，且各区域内部的劳动力、科技人才、实物资本等在空间上分布是均匀的，令：区域 r 内单位面积的产出水平为 q，则可借助函数形式表示为：

$$q = f(l,\ k,\ t;\ Q_{rc},\ A_{rc},\ \Omega_{rc}) \tag{5-1}$$

式中，l 表示单位土地面积上的劳动力数量；k 表示单位土地面积上的实物资本数量；t 表示单位土地面积上的科技人才数量；Q_{rc} 表示区域 r 的总产出；A_{rc} 表示区域 r 的土地总面积；Ω_{rc} 表示考虑经济生产活动中劳动、资本、能源及期望产出与污染物等非期望产出区域 r 的经济产出效率，也即全要素生产率。

通常假设生产函数服从柯布—道格拉斯生产函数，具体可表示如下：

$$q = f(l,\ k,\ t;\ Q_{rc},\ A_{rc},\ \Omega_{rc}) = \Omega_{rc}(l^{\beta}k^{1-\beta-\gamma}t^{\gamma})^{\alpha}\left(\frac{Q_{rc}}{A_{rc}}\right)^{\frac{\lambda-1}{\lambda}} \tag{5-2}$$

式中，α 表示劳动、资本和科技人才在单位面积上的产出弹性（$0 \le \alpha \le 1$）；β 和 γ 表示参数分布（$0 \le \beta \le 1$，$0 \le \gamma \le 1$），$\frac{Q_{rc}}{A_{rc}}$ 表示单位面积的产出水平，当且仅当 $\lambda > 1$ 时，表示产出分布具有正向空间外部性。

假设劳动力、资本等各类生产要素在各区域土地上均匀分布，因此，该区域的总产出可以用单位面积的产出与该区域的总土地面积的乘积表示：

$$Q_{rc} = qA_{rc} = \Omega_{rc}(l^{\beta}k^{1-\beta-r}t^{r})^{\alpha}\left(\frac{Q_{rc}}{A_{rc}}\right)^{\frac{\lambda-1}{\lambda}}A_{rc}$$

$$= A_{rc}\Omega_{rc}\left[\left(\frac{L_{rc}}{A_{rc}}\right)^{\beta}\left(\frac{K_{rc}}{A_{rc}}\right)^{1-\beta-\gamma}\left(\frac{T_{rc}}{A_{rc}}\right)^{\gamma}\right]^{\alpha}\left(\frac{Q_{rc}}{A_{rc}}\right)^{\frac{\lambda-1}{\lambda}} \tag{5-3}$$

式中，L_{rc} 表示区域 r 的劳动力总数，$\dfrac{L_{rc}}{A_{rc}}$ 表示单位土地面积的劳动力数量；K_{rc} 表示区域 r 的总实物资本，$\dfrac{K_{rc}}{A_{rc}}$ 表示单位土地面积的资本数量；T_{rc} 表示区域 r 的科技人才总数，$\dfrac{T_{rc}}{A_{rc}}$ 表示单位土地面积的科技人才数量。

根据式（5-3），通过求解变换可以得出区域 r 的平均劳动生产率为：

$$\frac{Q_{rc}}{L_{rc}} = \Omega_{rc}^{\lambda} \left[\left(\frac{K_{rc}}{L_{rc}} \right)^{1-\beta-\lambda} \right]^{\alpha\lambda} \left(\frac{A_{rc}}{L_{rc}} \right)^{\alpha\gamma(r-1)+1} \left(\frac{T_{rc}}{A_{rc}} \right)^{\alpha r\lambda} \qquad (5-4)$$

同时，根据生产过程中各要素的边际产出等于其价格的原则，可得到：

$$L_{rc} = \frac{\alpha\beta Q_{rc}}{p_c}; \quad K_{rc} = \frac{\alpha(1-\beta-\gamma)Q_{rc}}{r_c} \qquad (5-5)$$

式中，p_c 和 r_c 分别表示劳动和资本价格。将式（5-5）代入式（5-4）推得：

$$\frac{Q_{rc}}{L_{rc}} = \Omega_{rc}^{\frac{\lambda}{1-\alpha\lambda(1-\gamma)}} \left[\frac{\alpha(1-\gamma-\beta)}{r_c} \right]^{\frac{(1-\gamma-\beta)\alpha\lambda}{1-\alpha\lambda(1-\gamma)}} \left(\frac{\alpha\beta}{p_c} \right)^{\frac{\alpha\beta\lambda}{1-\alpha\lambda(1-\gamma)}} \left(\frac{T_{rc}}{A_{rc}} \right)^{\frac{\alpha\lambda-1}{1-\alpha\lambda(1-\gamma)}}$$

$$= \Omega_{rc}^{w} \Lambda_r \left(\frac{T_{rc}}{A_{rc}} \right)^{\theta} \qquad (5-6)$$

其中，$w = \dfrac{\lambda}{1-\alpha\lambda(1-\gamma)}$，$\Lambda_r = \left[\dfrac{\alpha(1-\gamma-\beta)}{r_c} \right]^{\frac{(1-\gamma-\beta)\alpha\lambda}{1-\alpha\lambda(1-\gamma)}} \left(\dfrac{\alpha\beta}{p_c} \right)^{\frac{\alpha\beta\lambda}{1-\alpha\lambda(1-\gamma)}}$，

$\theta = \dfrac{\alpha\lambda-1}{1-\alpha\lambda(1-\gamma)}$。$w$，$\Lambda_r$，$\theta$ 常数。

所以，

$$\Omega_{rc} = \Lambda_{\gamma}^{-\frac{1}{w}} \left(\frac{T_{rc}}{A_{rc}} \right)^{-\frac{\theta}{w}} \left(\frac{Q_{rc}}{L_{rc}} \right)^{\frac{1}{w}} \qquad (5-7)$$

式（5-7）的左边为区域 r 的全要素生产率 Ω_{rc}，右边为包含了单位土地面积上的科技人才密度 $\dfrac{T_{rc}}{A_{rc}}$（即科技人才集聚程度），表明一个地区全要素生产率增长会受到科技人才集聚的影响。

因此，基于前文理论分析与模型推导，为实证检验区域科技人才集聚对全要素生产率增长的影响，构建以下模型：

$$TFP_{it} = \beta_0 + \beta_1 agg_{it} + \beta_2 indus_{it} + \beta_3 fiscal_{it} + \beta_4 fdi_{it} + \beta_5 post_{it} + \beta_6 mark_{it} +$$
$$\mu_i + v_t + \varepsilon_{it} \tag{5-8}$$

同时，在理论分析的基础上，为了验证假说 5.1，进一步在模型（5-8）中增加科技人才集聚变量的平方项，以考察科技人才集聚对全要素生产率增长的影响是否存在倒 U 形关系，具体模型构建如下：

$$TFP_{it} = \beta_0 + \beta_1 agg_{it} + \beta_2 sagg_{it} + \beta_3 indus_{it} + \beta_4 fiscal_{it} + \beta_5 fdi_{it} + \beta_6 post_{it} +$$
$$\beta_7 mark_{it} + \mu_i + v_t + \varepsilon_{it} \tag{5-9}$$

在式（5-8）与式（5-9）中，TFP 表示全要素生产率；agg 表示科技人才集聚；sagg 表示科技人才集聚变量平方项；其余为控制变量，表示影响区域全要素生产率增长的其他因素，主要包括产业结构（indus）、政府干预（fiscal）、对外开放程度（fdi）、信息化水平（post）及市场化水平（mark）；β_0 为常数项，β_i 为各解释变量的估计系数，i 代表不同地区，t 代表样本年度；μ_i 代表个体固定效应，v_i 代表时间固定效应，ε_{it} 代表随机干扰项。

2. 样本选取与变量说明

部分研究已就省域层面科技人才集聚的经济增长效应进行了有益探索，为深化研究认识，本章主要将研究尺度下沉到城市层面，具体地，以中国 285 个地级市作为研究样本，时间窗口为 2005～2017 年。相关数据主要来自历年《中国城市统计年鉴》、《中国统计年鉴》、《中国工业统计年鉴》等，对于个别缺失的数据，采用上下两年均值补充。具体变量说明如表 5-1 所示。

（1）被解释变量。全要素生产率（TFP）。通过构建全域 SBM 方向性距离函数，结合 Malmquist-Luenberger 生产率指数进行测算，测算软件为 MAXDEA Pro 6.19。具体地，投入指标包括劳动力投入、资本投入与能源投入；产出指标包括期望产出与非期望产出。各项指标具体说明见第四章，这里不做重复赘述。

表 5 - 1　变量设定与具体测度指标说明

变量名称	变量符号	变量具体测度指标说明
全要素生产率	TFP	各地市 Malmquist - Luenberger 生产率指数
科技人才集聚	agg	各地市科技人才集聚区位熵指数
产业结构	indus	各地市第二产业占 GDP 的比重
政府干预	fiscal	各地市地区政府财政支出占 GDP 比重
对外开放程度	fdi	各地市实际外商投资额占 GDP 比重
信息化水平	post	各地市年末邮电业务量与地区年末人口数之比衡量
市场化水平	mark	各地市用非国有经济占工业总产值的比重、非国有经济在全社会固定资产总投资中的比重及非国有经济就业人口占总就业人口比重三个指标加权平均衡量

（2）解释变量。科技人才集聚（agg）。采用区位熵指数测度各地区科技人才集聚水平，即通过"某地区 R&D 人员全时当量占该地区全部从业人数的比重与全国 R&D 人员全时当量占全国全部从业人数比重之比"，考虑到地级市层面暂无法获取较长时序的 R&D 人员数据，这里采用"各地级市历年科研、技术服务和地质勘查业从业人数"替代。

（3）控制变量：主要包括产业结构、政府干预、对外开放程度、信息化水平、市场化水平。

1）产业结构（indus）。产业结构优化所产生的"结构红利"是促进地区全要素生产率增长的源泉（孙学涛等，2018），它有利于引导各类要素资源向高附加值、高技术含量的细分行业流动，提升资源的再配置效应，促进全要素生产率增长。这里采用各地市第二产业产值占 GDP 比重衡量。

2）政府干预（fiscal）。政府对经济运行环境的干预会对地区全要素生产效率产生影响，有效的制度安排和适度干预可降低创新投资中的不确定性，优化 R&D 资源配置效率，但当政府开支用于支付政府的行政开支时，其对经济效率的影响将大打折扣。这里采用各地市政府财政支出占 GDP 比重衡量。

3）对外开放程度（fdi）。对外开放程度具体表现为市场的开放程度，其中，外商直接投资是重要体现，通过吸收外商投资可引进国外先进管理经验、技术等，使地区技术进步水平得到改善。这里采用各地市实际外商投资额占 GDP 比重衡量，并考虑到汇率问题，本书利用历年人民币年平均汇率进行换算。

4）信息化水平（post）。随着信息技术的快速发展和广泛应用，互联网、物联网、云计算、大数据等新一代信息技术越来越对地区生产率产生重要影响。信息化水平提升有利于促进地区间人才、资本等生产要素的跨区域、远距离交流互动，并能够为创新活动的开展提供较为完善的信息基础设施条件，有利于促进全要素生产率增长。这里采用各地市年末邮电业务量与地区年末人口数之比衡量。

5）市场化水平（mark）。市场化水平较高的地区能够扩大要素市场化配置范围，引导创新要素合理流动，优化资源配置，提高各种要素的产出效率，促进全要素生产率增长。由于地市级相关数据获取难度，这里将所测得的省级层面市场化水平与地市级数据进行匹配获得，具体地，考虑到单一指标难以全面反映地区市场化水平，这里选取"非国有经济占工业总产值的比重、非国有经济在全社会固定资产总投资中的比重及非国有经济就业人口占总就业人口比重"三个指标加权平均衡量。

二、实证结果与分析

（一）变量描述性统计

表 5-2 列出了样本数据中各变量的相关统计量，为控制极端值对回归结果的干扰，本章对所有变量进行了上下 1% 的 Winsorize 处理。结合表

5-2可知，各地市全要素生产率增长的均值为0.9923，小于1，表明中国各地市全要素生产率整体增长滞缓，仍有待进一步提升，其中，全要素生产率增长的最大值为2.8372，最小值为0.3140，标准差为0.1418，进一步表明各地市全要素生产率增长差异明显。科技人才集聚水平的最大值为3.1002，最小值为0.1166，表明各地市科技人才集聚水平差异较大，且科技人才集聚水平均值和中位数依次为0.7078、0.5565，均小于1，表明超过一半以上的地区科技人才集聚水平偏低，甚至有部分地区科技人才流失明显。同时，各地区产业结构、政府干预及对外开放程度变量的最大值与最小值间均存在较大差异，即这些因素的差异是导致各地区全要素生产率增长差异的重要原因，因此，可将这些因素作为控制变量放入回归模型中。本章数据处理软件为Stata15.0。

表 5 - 2　各变量描述性统计

变量	样本量	均值	标准差	p25	p50	p75	最小值	最大值
TFP	3420	0.9923	0.1418	0.9299	0.9888	1.0452	0.3140	2.8372
agg	3420	0.7078	0.5214	0.3820	0.5565	0.8360	0.1166	3.1002
sagg	3420	0.7728	1.3849	0.1459	0.3097	0.6989	0.0136	9.6112
indus	3420	0.4885	0.1055	0.4244	0.4920	0.5550	0.2084	0.7653
fiscal	3420	0.1985	0.0432	0.1684	0.1983	0.2269	0.0995	0.3064
fdi	3420	0.0400	0.0413	0.0094	0.0256	0.0581	0.0000	0.1994
post	3420	0.0262	0.0158	0.0166	0.0221	0.0302	0.0057	0.0975
mark	3420	0.6190	0.1724	0.4998	0.6437	0.7925	0.2422	0.8729

注：p25、p50和p75分别表示1/4、1/2和3/4分位数。

（二）基准模型结果分析

本书采用固定效应模型进行估计，结果如表5-3所示。列（1）表示未加入控制变量时的回归结果，其中科技人才集聚（agg）的回归系数为0.0415，通过了1%水平的显著性检验；列（2）表示进一步加入了控制变量的回归结果，科技人才集聚（agg）的回归系数为 0.0435，其大小、影响方向及显著性均与列（1）接近，表明地区科技人才集聚对全要素生产率增长具有显著的促进作用。究其原因，区域科技人才集聚会使得其自身携带的知识、技能转移到集聚地，集聚一旦形成，可通过发挥规模经济优势、创新溢出与扩散等促进集聚地全要素生产率提升。特别是在中国科技人才资源相对缺乏的情况下，某一地区科技人才集聚规模越大，该地区的知识吸收能力及技术研发能力就越强，越有助于科技人才集聚效应的发挥，进而促进全要素生产率增长。这在一定程度上解释了为什么诸多城市加入"人才争夺战"，争相推出各种优惠政策吸引科技人才等向本地区规模化集聚的重要原因。

表 5 - 3　科技人才集聚对全要素生产率增长影响的基准回归结果

变量	（1）	（2）	（3）	（4）
	TFP	TFP	TFP	TFP
agg	0. 0415 ***	0. 0435 ***	0. 1082 ***	0. 1115 ***
	(3. 282)	(3. 329)	(2. 807)	(2. 896)
sagg			- 0. 0279 **	- 0. 0284 **
			(-2. 108)	(-2. 147)
indus		0. 1248 **		0. 1313 **
		(2. 366)		(2. 435)
fiscal		- 0. 1214 **		- 0. 1242 **
		(-2. 507)		(-2. 559)
fdi		0. 1790 *		0. 1687 *
		(1. 952)		(1. 846)
post		- 0. 4193 **		- 0. 4237 **
		(-2. 000)		(-2. 018)
mark		0. 2293 ***		0. 2280 ***
		(3. 532)		(3. 492)
Constant	0. 9167 ***	0. 7652 ***	0. 8909 ***	0. 7373 ***
	(84. 859)	(17. 932)	(45. 709)	(15. 363)

续表

变量	(1)	(2)	(3)	(4)
	TFP	TFP	TFP	TFP
时间效应	YES	YES	YES	YES
个体效应	YES	YES	YES	YES
N	3420	3420	3420	3420
R^2	0.1190	0.1310	0.1200	0.1320
F	43.8200	36.4500	40.9500	34.3100

注：＊＊＊、＊＊、＊分别表示1％、5％、10％的统计水平下显著；括号中数值为t值。

进一步地，表5－3中列（3）与列（4）为依次加入科技人才集聚变量二次项（sagg）后的回归结果，其中，列（3）中仅涵盖了科技人才集聚变量一次项（agg）和二次项（sagg），列（4）为在列（3）基础上进一步加入了控制变量后的回归结果。无论是否加入控制变量，列（3）与列（4）中均呈现科技人才集聚变量一次项系数（agg）为正且在1％水平下显著，二次项系数（sagg）为负且在5％水平下显著，表明科技人才集聚与全要素生产率增长之间存在倒U形关系，验证了假说5.1。具体根据列（4）可知，科技人才集聚变量一次项（agg）的回归系数为0.1115，二次项（sagg）的回归系数为－0.0284，可确定其拐点值为1.9630①，即表明当科技人才集聚水平低于拐点值1.9630时，地区科技人才集聚水平提升对全要素生产率增长有显著的促进作用；而当科技人才集聚水平超过拐点值1.9630后，随着地区科技人才集聚规模水平的不断提升则会对全要素生产率增长产生一定的抑制作用。结合集聚经济的特征，出现拐点可能的原因在于：随着地区科技人才集聚规模水平不断提升，部分地区可能因科技人才过度集聚造成"拥塞效应"，一方面，过度集聚致使人才浪费与管理难度加大，带来各方面成本上升；另一方面，过度集聚易造成高层次人才低层次就业或部分科技人才资源被闲置等引发人才"高消费"，造成效

---

① 具体拐点值的计算过程为 $\left[\dfrac{-0.1115}{(-0.0284 \times 2)}\right] = 1.9630$。

率损失，不利于地区全要素生产率增长。

但结合本章前文描述性统计分析可知，研究期内中国科技人才集聚水平的中位数（p50）为 0.5565、3/4 分位数（p75）为 0.8360，均远低于拐点值 1.9630，这说明中国科技人才集聚水平尚处于集聚效应占主导的阶段，绝大多数地区科技人才集聚水平属于倒 U 形曲线的左半边上升阶段，仅有极少数城市超过"集聚拐点"。这与张斯琴和张璞（2017）的研究结论保持一致，即中国绝大多数城市仍需进一步提升科技人才等要素集聚水平，以充分发挥科技人才等集聚效应对城市生产率增长的促进作用。

此外，从控制变量来看，产业结构（Indus）的回归系数为正且在 5% 水平下显著，表明优化产业结构有利于充分释放"结构红利"进而对全要素生产率增长产生了促进作用；政府干预（Fiscal）的回归系数为负且在 5% 水平下显著，表明过多的政府干预可能造成资源浪费及体系内自发运行机制失调，资源配置效率降低，不利于全要素生产率提升。对外开放程度（fdi）的回归系数为正且在 10% 水平下显著，表明提升地区对外开放程度有利于吸引外资，特别是先进技术、管理经验的引入对促进全要素生产率增长发挥了积极作用。信息化水平（Post）的回归系数为负且在 5% 水平下显著，表明各地区信息化程度整体偏低，对全要素生产率增长的促进作用仍未能有效发挥。市场化水平（Mark）的回归系数为正且在 1% 水平下显著，表明较高的市场化水平能够引导各类要素合理流动，优化资源配置，促进全要素生产率增长。

（三）稳健性检验

考虑到实证分析过程中可能由于变量测度误差、遗漏重要变量及反向因果关系等问题对研究结论产生影响，为验证上述结论的可靠性，本节通过改变被解释变量 TFP 测算方法、剔除部分特殊样本及更换样本数据尺度范围等方法对基准模型研究结论进行稳健性检验。同时，通过进一步修正回归模型估计方法，运用系统 GMM 方法等以缓解模型设定可能存在的内生性问题，进而从多个角度验证研究结论的稳健性。

1. 基于变量度量误差与样本选择的稳健性检验

（1）改变被解释变量 TFP 测算方法。变量测度误差会导致回归结果产生偏误，为进一步检验基准模型估计结果的稳健性，这里通过更换 TFP 测度方法对基准模型的主要结论进行稳健性检验。前文中采用 Malmquist - Luenberger 生产率指数对 TFP 测算，这里采用索洛余值法对 TFP 进行测度，并以此作为被解释变量的代理变量。索洛余值法测算 TFP 具有简单实用且符合经济原理的优点（宋林和郭玉晶，2016），具体地，设柯布—道格拉斯生产函数为：$Y_t = AK_t^\alpha L_t^\beta$，其中，$K_t$ 为资本存量，L_t 为劳动力投入，α 和 β 分别为资本与劳动的产出弹性，且 $\alpha + \beta = 1$。通过对方程两边取对数得出 α 和 β，代入生产函数中即可求得 A[①]，即 TFP，其中，Y、K、L 等变量的选取与前文定义一致，其余处理方式均不变，更换核心被解释变量测算后的回归结果如表 5 - 4 中列（1）与列（2）所示。

表 5 - 4　基于变量测度误差与样本选择的稳健性检验

变量	改变被解释变量 TFP 测算方法		剔除部分特殊样本		更换样本数据尺度范围	
	（1）	（2）	（3）	（4）	（5）	（6）
agg	0.9410 ***	2.4029 ***	0.0438 ***	0.1088 ***	0.1331 ***	0.4844 ***
	(4.537)	(3.583)	(3.237)	(2.763)	(3.163)	(2.760)
sagg		-0.6117 ***		-0.0276 **		-0.1645 **
		(-2.677)		(-2.003)		(-2.031)
indus	3.6471 ***	3.7884 ***	0.1267 **	0.1323 **	-0.7217 ***	-0.8238 ***
	(3.721)	(3.865)	(2.381)	(2.436)	(-3.957)	(-3.909)
fiscal	-2.5760	-2.6370	-0.1229 **	-0.1258 **	-0.6003	-0.5480
	(-1.392)	(-1.435)	(-2.512)	(-2.565)	(-0.998)	(-0.928)
fdi	0.1100	-0.1110	0.1977 **	0.1861 *	0.1259	0.1700
	(0.085)	(-0.085)	(1.985)	(1.871)	(0.154)	(0.206)

① 本书采用 Stata 软件对资本与劳动弹性进行估计，且估计结果与郭庆旺和贾俊雪（2005）根据柯布—道格拉斯生产函数测算的中国历年资本和劳动的产出弹性，即 $\alpha = 0.3$，$\beta = 0.7$ 基本接近，证明了本书估计结果的准确性。

续表

变量	改变被解释变量 TFP 测算方法		剔除部分特殊样本		更换样本数据尺度范围	
	（1）	（2）	（3）	（4）	（5）	（6）
post	− 8. 9331 ***	− 9. 0279 ***	− 0. 3982 *	− 0. 4076 *	− 0. 7482	− 0. 7000
	（ − 3. 177）	（ − 3. 177）	（ − 1. 857）	（ − 1. 896）	（ − 1. 640）	（ − 1. 546）
mark	0. 7810	0. 7530	0. 2283 ***	0. 2262 ***	0. 2363 **	0. 1974 *
	（0. 566）	（0. 553）	（3. 402）	（3. 352）	（2. 491）	（1. 931）
Constant	6. 9588 ***	6. 3595 ***	0. 7646 ***	0. 7390 ***	1. 2148 ***	1. 1159 ***
	（7. 655）	（6. 546）	（17. 232）	（14. 950）	（7. 724）	（8. 631）
时间效应	YES	YES	YES	YES	YES	YES
个体效应	YES	YES	YES	YES	YES	YES
N	3420	3420	3372	3372	270	270
R^2	0. 5730	0. 5780	0. 1310	0. 1320	0. 1358	0. 1560
F	63. 5000	57. 5400	36. 0100	33. 7400	6. 1021	5. 3870

注： *** 、 ** 、 * 分别表示 1% 、5% 、10% 的统计水平上显著；括号中数值为 t 值。

（2）剔除部分特殊样本。考虑到北京、天津、上海与重庆 4 个直辖市在行政等级及经济规模等方面的特殊性，本书将其从研究样本中予以剔除，再次进行稳健性检验，回归结果如表 5 - 4 中列（3）与列（4）所示。

（3）更换样本数据尺度范围。前文中主要选择了中国 285 个城市样本数据对科技人才集聚影响全要素生产率增长的关系进行实证分析，为确保研究结论的稳健性，这里进一步收集了 2005 ~ 2017 年 30 个省份省际面板数据，并基于相应变量的重新测度对二者关系的稳健性进行实证检验，具体各变量测算方法均与基准模型保持一致。回归结果如表 5 - 4 中列（5）与列（6）所示。

由表 5 - 4 可知，在改变被解释变量 TFP 测算方法、剔除部分特殊样本及更换样本数据尺度范围后，科技人才集聚（agg）的一次项回归系数均值在 1% 水平下通过显著性检验，科技人才集聚的二次项（sagg）在 1% 或 5% 水平下通过显著性检验，表明科技人才集聚水平的提升对全要素生产率增长有明显的促进效应，但当科技人才集聚水平超过一定值时，科技人才集聚水平的提高则对全要素生产率增长产生一定程度的效率损失，即研究结论与前文回归结果保持一致。综上，科技人才集聚对全要素生产率增长的影响关系并没有因为改变被解释变量 TFP 测算方法、剔除部分特殊样本及更换样本数据尺度范围而发生改变，因此，可以认为基准回归中的基本研究结果是稳健的。

2. 基于面板分位数模型的稳健性检验

为进一步验证基准模型结果的稳健性，按照科技人才集聚的 p10、p25、p50、p75 和 p90 分位点样本分别进行回归检验，以反映不同科技人才集聚水平分位点下科技人才集聚对全要素生产率增长的边际影响（见表 5-5）。

表 5-5　基于面板分位数模型的稳健性检验

变量	(1) p10	(2) p25	(3) p50	(4) p75	(5) p90
agg	0.0334 ***	0.0202 ***	0.0086 ***	-0.0099 **	-0.0266 **
	(3.887)	(5.068)	(3.120)	(-1.963)	(-2.407)
indus	0.0945 *	0.0421	-0.0046	-0.0130	-0.1565 **
	(1.885)	(1.641)	(-0.277)	(-0.482)	(-2.533)
fiscal	-0.0081	-0.1093 **	-0.0671 **	-0.1048 ***	-0.1750
	(-0.102)	(-2.029)	(-2.468)	(-2.602)	(-1.634)
fdi	0.0448	-0.0081	-0.0038	0.0755	0.2754 **
	(0.617)	(-0.180)	(-0.080)	(1.044)	(2.029)
post	0.4200	0.0809	-0.1540	-0.3244 **	-0.6619 **
	(1.306)	(0.492)	(-1.530)	(-2.103)	(-2.440)
mark	0.0903 ***	0.0939 ***	0.0381 ***	-0.0145	-0.0524 *
	(2.892)	(6.184)	(3.324)	(-0.792)	(-1.710)
Constant	0.7224 ***	0.8557 ***	0.9778 ***	1.0938 ***	1.2959 ***
	(23.007)	(42.546)	(76.063)	(52.643)	(25.689)
N	3420	3420	3420	3420	3420
R^2	0.0178	0.0128	0.0035	0.0033	0.0111

注：***、**、*分别表示1%、5%、10%的统计水平下显著；括号中数值为 t 值。

结合表5–5可知，在p10、p25与p50分位点上科技人才集聚对全要素生产率增长的回归系数均为正，且在1%水平下显著，表说明随着科技人才集聚水平分位点的提高科技人才集聚水平提升有利于促进全要素生产率增长；但当超过p50分位点后，回归系数由正转负，在p75与p90分位点上均呈现在5%水平下负向显著，表明科技人才集聚水平过高导致的拥挤效应及边际收益递减等会造成一定的效率损失，不利于全要素生产率增长，研究结论仍然与基准模型结论一致。

3. 基于双向因果可能导致内生性问题的稳健性检验

（1）模型设定内生性检验——系统 GMM。考虑到科技人才集聚与全要素生产率增长双向因果可能带来的内生性问题对回归结果产生的影响，这里选取了科技人才集聚变量的一阶滞后项作为工具变量，原因在于一阶滞后的科技人才集聚会影响当期科技人才集聚，且当期全要素生产率增长不太可能会影响到上一期的科技人才集聚，在一定程度上能够减小科技人才集聚与全要素生产率增长的双向因果影响。以科技人才集聚的滞后一期作为工具变量进行系统 GMM 回归检验，结果如表5–6中列（1）与列（2）所示。

（2）模型设定内生性检验——两阶段最小二乘法（2SLS）。同理，进一步以科技人才集聚的滞后一期作为工具变量进行 2SLS 回归检验，以此缓解可能存在的内生性问题对研究结论的影响。结果如表5–6中列（3）与列（4）所示。

表5–6　基于内生性的稳健性检验

变量	（1）	（2）	（3）	（4）
	系统 GMM	系统 GMM	2SLS	2SLS
L. TFP	−0.1034***	−0.1039***		
	（−8.588）	（−8.783）		
agg	0.0569***	0.2200***	1.1480	0.2666*
	（4.787）	（6.405）	（0.390）	（1.778）

续表

变量	(1)	(2)	(3)	(4)
	系统 GMM	系统 GMM	2SLS	2SLS
sagg		− 0. 0619 ***		− 0. 0908 *
		(− 5. 333)		(− 1. 751)
indus	− 0. 2946 ***	− 0. 3206 ***	0. 7850	0. 0698
	(− 5. 926)	(− 6. 354)	(0. 385)	(1. 275)
fiscal	− 0. 0888 ***	− 0. 1018 ***	0. 9990	− 0. 0421
	(− 3. 204)	(− 3. 840)	(0. 341)	(− 0. 594)
fdi	− 0. 1640	− 0. 2130	− 2. 6960	− 0. 0649
	(− 1. 034)	(− 1. 333)	(− 0. 379)	(− 0. 708)
post	0. 6153 ***	0. 6457 ***	0. 4240	0. 0020
	(2. 997)	(3. 102)	(0. 249)	(0. 009)
mark	0. 1514 ***	0. 1647 ***	0. 9900	0. 0708 ***
	(2. 899)	(3. 049)	(0. 401)	(2. 709)
Constant	1. 1144 ***	1. 0541 ***	− 0. 9160	0. 8068 ***
	(26. 645)	(22. 599)	(− 0. 185)	(7. 022)
N	3135	3135	3420	3420
AR (1)	0. 0000	0. 0000		
AR (2)	0. 7087	0. 6677		
Sargan	1. 0000	1. 0000		

注：***、**、*分别表示1%、5%、10%的统计水平下显著；括号中数值为 t 值。

结合表5－6，在考虑内生性后，采用工具变量法得到的回归结果基本没有变化，在列（1）～列（4）中核心解释变量——科技人才集聚的一次项系数均显著为正、二次项系数显著为负，验证了科技人才集聚对全要素生产率增长的影响存在显著的倒 U 形关系。综上可知，在缓解内生性问题可能导致的偏误后，虽然显著性水平有所变化，但依然可以证实本章基准实证研究结论的稳健性。

（四）空间溢出效应分析

前文的实证分析基于各地区在空间上具有独立性，忽视了科技人才集聚所产生的知识外溢及创新活动的空间关联对全要素生产率增长的重要作用。事实上，由于知识外溢性、扩散性及区域间的创新合作等，各地区R&D活动存在明显的空间关联性（李婧等，2010），科技人才集聚不仅会对本地区全要素生产率增长产生影响，而且通过空间溢出渠道影响周边地区科技人才的集聚或流动，并对地理或经济邻近地区的全要素生产率增长产生影响。因此，本节进一步借助空间计量模型对其空间溢出效应进行实证检验。

空间计量模型通过将空间权重矩阵纳入计算考虑了区域间的空间溢出，主要包括空间滞后模型（SAR）、空间误差模型（SEM）和空间杜宾模型（SDM），三者的主要区别在于对被解释变量、误差项与解释变量的空间相关性考虑。其中，SAR模型假设空间相关性存在于被解释变量中，即相邻地区的被解释变量可能互相依赖；SEM模型假设空间相关性存在于误差项中。而SDM模型则在此基础上，考虑了解释变量间可能存在的空间相关性，假设被解释变量和解释变量中均存在空间相关性，即某个区域的被解释变量依赖于其相邻地区的解释变量和被解释变量。它更为全面地考虑了变量之间可能存在的空间溢出效应，是较为一般的空间计量模型。同时，在使用SDM模型时，LeSage和Pace（2008）指出可通过偏微分方式将其影响效应分解为直接效应、间接效应和总效应；直接效应表示某地区的解释变量对本地被解释变量的影响，间接效应表示邻地解释变量对本地被解释变量的影响，即空间溢出效应。

1. 空间杜宾模型构建

结合上述对不同空间计量模型的比较分析，这里进一步通过构建空间杜宾模型（SDM）以检验科技人才集聚对全要素生产率增长影响的空间溢出效应。具体模型构建如下：

$$TFP_{it} = \beta_0 + \rho W \times TFP_{it} + \beta_1 agg_{it} + \beta_2 indus_{it} + \beta_3 fiscal_{it} + \beta_4 fdi_{it} + \beta_5 post_{it} +$$

$$\beta_6 mark_{it} + \theta_1 W \times agg_{it} + \theta_2 W \times indus_{it} + \theta_3 W \times fiscal_{it} + \theta_4 W \times fdi_{it} +$$
$$\theta_5 W \times post_{it} + \theta_6 W \times mark_{it} + \mu_i + v_t + \varepsilon_{it} \qquad (5-10)$$

式中，TFP 表示全要素生产率；agg 表示科技人才集聚；W 表示空间权重矩阵；$W \times TFP$ 表示全要素生产率加权空间滞后变量；ρ 表示被解释变量空间滞后系数，若 $\rho = 0$，则表示该模型可简化为一般的线性回归模型；$W \times agg$ 表示科技人才集聚加权空间滞后变量，其余相关变量的定义与前文一致。

空间权重矩阵是空间单元之间相互关联程度的重要表征，矩阵中的权重元素表示空间单元间的依赖关系特征，为综合考察地理因素与经济因素的影响，本书借鉴李婧等（2010）、李晓阳等（2018）的做法，分别构建了邻接权重矩阵、地理距离权重矩阵与经济距离权重矩阵以进行空间溢出效应估计。

（1）邻接权重矩阵。这是空间权重矩阵中最基本的构建形式，空间单元之间的联系与二者是否邻接有关，若相邻两地有共同边界用 1 表示，否则以 0 表示。构建方式如下：

$$\omega_{ij} = \begin{cases} 1 & i \text{ 和 } j \text{ 空间相邻} \\ 0 & i \text{ 和 } j \text{ 空间不邻} \end{cases} \qquad (5-11)$$

（2）地理距离权重矩阵。Tobler（1970）指出任何事物与其周围均存在联系，随着地理距离的增加，其联系强度会逐渐衰减，这里具体通过计算两地区间球面距离的平方设定地理距离权重矩阵。构建方式如下：

$$\omega_{ij} = \begin{cases} 1/d_{ij}^2 & i \neq j \\ 0 & i = j \end{cases} \qquad (5-12)$$

式中，主对角线元素均为 0，非主对角线上的元素为 $1/d_{ij}^2$，d_{ij} 为两地间的地理距离，用两地区地球表面上经纬度计算出的最短距离来测算（该数据来自于国家地理基础信息中心网站）。

（3）经济距离权重矩阵。本书以经济发展水平和地理距离差异综合表征地区间经济距离。构建方式如下：

$$\omega_{ij} = \begin{cases} \dfrac{|y_i - y_j|}{d_{ij}^2}, i \neq j \\ 0, i = j \end{cases} \qquad w_{ij}^* = \dfrac{w_{ij}}{\displaystyle\sum_j w_{ij}} \qquad (5-13)$$

式中，$|y_i - y_j|$ 表示地区 i 与地区 j 在 2005 ~ 2017 年实际人均 GDP 均值的差值，d_{ij} 表示地区 i 与地区 j 的地理距离，经济发展水平差距越小，表示两地经济发展水平越接近，权重越大，w_{ij}^* 表示标准化处理后的空间权重矩阵元素。

2. 估计结果与分析

为验证各地区科技人才集聚水平与全要素生产率增长的空间相关性，本节对 2005 ~ 2017 年二者的全局 Moran's I 指数进行了测算①，结果如表 5 - 7 所示。在考察期内，科技人才集聚水平的 Moran's I 指数值均为正且呈现逐年增长趋势，绝大部分年份通过了 1% 水平下的显著性检验，表明科技人才集聚存在较明显的空间相关性。同理，各地区全要素生产率增长的 Moran's I 指数大部分年份通过了显著性检验，表明各地区全要素生产率增长的变动并未处于随机状态，而是受到相邻地区全要素生产率增长的影响，具有明显的空间正向相关性，这为后文基于空间溢出效应分析奠定了基础。

表 5 - 7　科技人才集聚与全要素生产率增长的 Moran'I 指数

年份	agg	p 值	TFP	p 值
2006	0.0080	0.0280	0.0230	0.0000
2007	0.0080	0.0310	0.0330	0.0000
2008	0.0110	0.0110	- 0.0040	0.4580
2009	0.0170	0.0010	0.0090	0.0130
2010	0.0130	0.0050	0.0220	0.0000
2011	0.0150	0.0010	0.0180	0.0000
2012	0.0240	0.0000	0.0001	0.2550

① Moran's I 指数的取值范围为 $-1 \leqslant I \leqslant 1$，$I > 0$ 表示正向空间相关性；$I < 0$ 表示负向空间相关性；I 接近 0，表示地区不存在空间相关性。

续表

年份	agg	p 值	TFP	p 值
2013	0.0220	0.0000	0.0590	0.0000
2014	0.0200	0.0000	0.0240	0.0000
2015	0.0200	0.0000	0.0010	0.2280
2016	0.0200	0.0000	0.0310	0.0000
2017	0.0150	0.0020	0.0260	0.0000

注：＊＊＊、＊＊、＊分别表示1%、5%、10%的统计水平下显著。

结合上述分析，分别基于邻接权重矩阵、地理距离权重矩阵与经济距离权重矩阵采用空间杜宾模型（SDM）考察科技人才集聚对全要素生产率增长影响的空间外溢效应（见表5－8和表5－9）。表5－8中列（1）～列（3）显示了地理距离权重矩阵下SDM模型的空间效应估计结果，表5－9中列（1）～列（6）则显示了邻接权重矩阵与经济距离权重矩阵下SDM模型的估计结果。

表5－8　基于地理距离权重矩阵的SDM模型回归结果

变量	地理距离权重矩阵		
	（1）	（2）	（3）
	直接效应	溢出效应	总效应
agg	0.0377＊＊＊	0.2520＊＊	0.2898＊＊
	(3.076)	(2.396)	(2.517)
sagg	－0.0116＊＊＊	－0.0774＊＊	－0.0890＊＊
	(－2.710)	(－2.185)	(－2.285)
indus	0.0439＊＊	－0.4930	－0.4490
	(2.212)	(－0.903)	(－0.820)
fiscal	－0.1071＊＊	－0.7177＊＊	－0.8248＊＊
	(－2.478)	(－2.160)	(－2.228)
fdi	0.0259	0.1410	0.1670
	(0.487)	(0.396)	(0.409)

续表

变量	地理距离权重矩阵		
	（1）	（2）	（3）
	直接效应	溢出效应	总效应
post	− 0.0159	− 0.1090	− 0.1250
	（− 0.875）	（− 0.848）	（− 0.857）
mark	0.0428 **	− 0.1570	− 0.1140
	（2.111）	（− 0.465）	（− 0.347）
Constant	0.1794 ***		
	（3.146）		
ρ	0.8659 ***		
	（39.461）		
lgt theta	17.1476 ***		
	（69.495）		
sigma2 e	0.0172 ***		
	（9.630）		
N	3420		
R²	0.0080		

注：***、**、* 分别表示 1%、5%、10% 的统计水平下显著；括号中数值为 t 值。

表 5 − 9　基于邻接矩阵、经济距离权重矩阵的 SDM 模型回归结果

变量	邻接权重矩阵			经济距离矩阵		
	直接效应	溢出效应	总效应	直接效应	溢出效应	总效应
	（1）	（2）	（3）	（4）	（5）	（6）
agg	0.0428 ***	0.0134 ***	0.0561 ***	0.0343 ***	0.0185 **	0.0527 ***
	（2.890）	（2.789）	（2.897）	（2.908）	（2.512）	（2.836）
sagg	− 0.0126 **	− 0.0039 **	− 0.0165 **	− 0.0109 ***	− 0.0059 **	− 0.0168 ***
	（− 2.224）	（− 2.169）	（− 2.228）	（− 2.762）	（− 2.427）	（− 2.712）
indus	0.0607 **	− 0.2774 ***	− 0.2167 ***	0.0170	− 0.2243 ***	− 0.2073 ***
	（2.437）	（− 6.655）	（− 5.198）	（0.862）	（− 3.350）	（− 2.866）
fiscal	− 0.0607	− 0.0190	− 0.0797	− 0.1230 ***	− 0.0660 **	− 0.1890 ***
	（− 1.368）	（− 1.368）	（− 1.372）	（− 2.734）	（− 2.547）	（− 2.737）

变量	邻接权重矩阵			经济距离矩阵		
	直接效应	溢出效应	总效应	直接效应	溢出效应	总效应
	（1）	（2）	（3）	（4）	（5）	（6）
fdi	0.0777	0.0238	0.1020	0.0099	0.0033	0.0132
	（1.382）	（1.384）	（1.386）	（0.168）	（0.102）	（0.145）
post	−0.0224	−0.0071	−0.0295	−0.0190	−0.0103	−0.0293
	（−1.328）	（−1.331）	（−1.333）	（−1.020）	（−1.017）	（−1.025）
mark	0.1684***	−0.1464***	0.0220	0.0267*	0.1204**	0.1472***
	（4.867）	（−3.853）	（0.988）	（1.803）	（2.402）	（2.884）
Constant	0.8072***			0.6663***		
	（30.626）			（12.969）		
ρ	0.2502***			0.3489***		
	（12.044）			（8.984）		
lgt theta	16.0211***			17.0244***		
	（40.478）			（80.763）		
sigma2 e	0.0186***			0.0189***		
	（10.172）			（10.332）		
N	3420			3420		
R^2	0.0067			0.0145		

注：***、**、*分别表示1%、5%、10%的统计水平下显著；括号中数值为t值。

由表5－8可知，空间滞后因变量全要素生产率的回归系数 ρ 为 0.8659，且在1%水平下显著，表明全要素生产率增长具有显著的空间溢出效应，地理空间上与之邻近地区的全要素生产率增长对本地区全要素生产率提升具有正向拉动效应。同时，列（1）中直接效应结果显示，科技人才集聚变量的一次项（agg）与二次项（sagg）回归系数依次为0.0377与−0.0116，且均在1%显著性水平下通过了检验，再次验证了区域科技人才集聚对本地全要素生产率增长的影响呈现倒U形关系；列（2）中溢出效应结果显示，科技人才集聚变量的一次项（agg）与二次项（sagg）回归系数依次为0.2520与−0.0774，均在5%显著性水平下通过了检验，表明地理邻近条件下科技人才集聚对周边邻近地区全要素生产率增长存在空间溢出效应，而这种溢出效应亦呈现倒 U 形关系。出现这种状况可能的原因在于：一是在科技人才高度集聚的地区通过竞争、学习和交流机制（Helena & Tanjam，2007），增强了本地区科技人才与邻近地区间的交流与合作，进而带动了周边地区全要素生产率增长，特别是当一个地区科技人才集聚水平达到一定规模时，新生科技人才、资本等要素会选择在周边区域配置创新资源并通过空间邻近获得溢出效应。二是由于地区间经济竞争和示范效应的存在（邵帅等，2019），当本地区通过人才引进政策吸引科技人才集聚带动当地新兴高技术产业等获得快速发展时，邻近地区将倾向于模仿与学习邻近省市的发展模式进而促进其全要素生产率增长。但当科技人才集聚水平达到一定规模时，科技人才高集聚水平地区（增长极）会产生虹吸效应，促进科技人才及其他各种生产要素向增长极回流和聚集，进而产生回波效应对周围地区全要素生产率增长产生阻碍作用或不利影响。

结合表 5 - 9，基于邻接权重矩阵回归结果，列（1）中直接效应结果显示，科技人才集聚变量的一次项（agg）与二次项（sagg）回归系数依次为 0.0428 与 - 0.0126，且依次在 1%、5% 水平下通过了显著性检验；列（2）中溢出效应结果显示，科技人才集聚变量的一次项（agg）与二次项（sagg）回归系数依次为 0.0134 与 - 0.0039，且依次在 1%、5% 水平下通过了显著性检验。同理，基于经济距离权重矩阵回归结果中各变量的直接效应与间接效应回归系数与显著性水平均与上述结果一致，这再次验证了区域科技人才集聚水平的提升不仅会促进当地全要素生产率增长，而且会对地理邻近与经济邻近地区的全要素生产率增长产生空间溢出效应，表明了科技人才集聚通过发挥其规模效应与知识溢出效应，带来集聚地区的全要素生产率增长，同时也可通过知识外溢对地理距离邻近与经济距离邻近地区的全要素生产率增长产生空间溢出效应。

三、不同类型城市异质性分析

上文基于全样本分析了区域科技人才集聚对全要素生产率增长的影响效应，该结论是从总样本里提取的一般性规律，将所有地区均基于一个标准进行分析，即默认了不同地区只要拥有相同的科技人才集聚水平，其对全要素生产率增长就会带来相同的影响效应。事实上，这中间忽略了不同地区因地理区位、行政等级及经济发展水平等差异造成的异质性，由于中国区域间经济发展的不均衡性，不同地区地理区位、经济发展水平及政策支持力度等方面存在明显差异，进而可能导致科技人才集聚对全要素生产率增长影响关系的差异性。因此，本书基于地理区位、行政等级与经济发展水平等将研究样本进行细分，进一步深入考察不同类型城市科技人才集聚对全要素生产率增长影响的异质性。

具体地，①基于城市地理区位异质性，根据传统地域范围将样本划分为东部地区城市、中部地区城市和西部地区城市；②基于城市行政等级异质性，将样本划分为省会城市与非省会城市；③基于城市经济发展水平异质性，一方面将研究样本划分为一、二线城市与三线及以下城市；另一方面依据地区生产总值的中位数，将城市划分为高经济发展水平城市与低经济发展水平城市。具体实证结果如表 5 - 10 ~ 表 5 - 12 所示。

（一）基于城市地理区位异质性考察

表 5 - 10 中列（1）显示，东部地区城市科技人才集聚变量一次项（agg）回归系数为 0.1204，在 5% 水平下显著，二次项（sagg）回归系数 - 0.0374，在 10% 水平下显著，表明东部地区城市科技人才集聚对全要素生产率增长的影响呈现倒 U 形关系。列（2）显示中部地区城市科技人才

集聚变量一次项（agg）回归系数为 0.1417，在 10% 水平下显著，二次项（sagg）回归系数未通过显著性检验，表明中部地区科技人才集聚水平提升对全要素生产率增长存在促进作用。列（3）显示西部地区城市科技人才集聚变量一次项（agg）与二次项（sagg）回归系数均不显著，表明西部地区城市科技人才集聚水平普遍较低，对全要素生产率增长的促进效应不明显，假说 5.2（a）得到部分验证。

究其原因，中国各地区科技人才集聚水平存在较大差异，与西部地区相比，东部和中部地区能够利用区位优势充分吸引科技人才集聚，尤其是东部地区集聚了较多的高质量科技人才，刺激了创新人员进行研发创新并生产了更多的创新成果，在一定程度上有利于促进全要素生产率增长；相较而言，西部地区由于人才流失和人才缺口严重等问题不但较难享受科技人才集聚带来的发展红利，而且长期的因果循环可能导致其陷入"人才集聚陷阱"。

表 5-10　基于城市地理区位异质性的回归结果

变量	东部城市	中部城市	西部城市
	（1）	（2）	（3）
agg	0.1204 **	0.1417 *	0.0690
	（1.999）	（1.976）	（1.087）
sagg	-0.0374 *	-0.0367	-0.0128
	（-1.906）	（-1.493）	（-0.604）
indus	0.1750	0.1510	0.0840
	（1.519）	（1.487）	（0.989）
fiscal	-0.1148 ***	-0.2684 *	0.0457
	（-3.480）	（-1.783）	（0.231）
fdi	0.2010	0.0939	0.2520
	（1.457）	（0.665）	（1.087）
post	-0.7234 **	-0.5820	-0.1440
	（-2.197）	（-1.216）	（-0.464）

变量	东部城市	中部城市	西部城市
	（1）	（2）	（3）
mark	0. 3233 **	0. 0716	0. 1620
	（2. 470）	（0. 652）	（1. 050）
Constant	0. 6276 ***	0. 8131 ***	0. 8000 ***
	（5. 628）	（9. 838）	（9. 236）
时间效应	YES	YES	YES
个体效应	YES	YES	YES
N	1212	1200	1008
R^2	0. 1580	0. 1720	0. 1150
F	22. 4600	20. 8000	8. 6580

注： *** 、 ** 、 * 分别表示1% 、5% 、10%的统计水平下显著；括号中数值为 t 值。

（二） 基于城市行政等级异质性考察

结合表 5 - 11 可知，列（1）中省会城市科技人才集聚变量一次项（agg）回归系数为 0. 1559，在 5% 水平下显著，二次项（sagg）回归系数为 - 0. 0334，但未通过显著性检验；列（2）中非省会城市科技人才集聚变量一次项（agg）回归系数为 0. 1148，在 1% 水平下显著，二次项（sagg）回归系数为 - 0. 0320，在 5% 水平下显著，表明省会城市科技人才集聚有利于促进全要素生产率增长，而非省会城市科技人才集聚对全要素生产率增长的影响呈现倒 U 形关系，进一步结合非省会城市科技人才集聚水平的拐点值（1. 7938）可知，研究期内绝大多数非省会城市科技人才集聚水平的均值未越过拐点，仍处于集聚效应大于拥堵效应的阶段，需进一步提高科技人才集聚水平，以便更好地发挥其集聚效应，假说 5. 2（b）未得到验证。

表5-11　基于城市行政等级异质性的回归结果

变量	省会城市	非省会城市
	（1）	（2）
agg	0.1559 **	0.1148 ***
	（2.129）	（2.788）
sagg	-0.0334	-0.0320 **
	（-1.616）	（-2.118）
indus	0.0485	0.1426 **
	（0.222）	（2.561）
fiscal	-0.5230	-0.1105 **
	（-1.306）	（-2.382）
fdi	0.1510	0.1740
	（0.835）	（1.627）
post	-0.9134 **	-0.3650
	（-2.358）	（-1.613）
mark	0.0948	0.2443 ***
	（0.649）	（3.337）
Constant	0.8165 ***	0.7234 ***
	（6.510）	（13.999）
时间效应	YES	YES
个体效应	YES	YES
N	360	3060
R²	0.1520	0.1340
F	9.3350	33.6300

注：*** 、** 、* 分别表示1%、5%、10%的统计水平下显著；括号中数值为t值。

（三）基于城市经济发展异质性考察

结合表5-12可知，列（1）中一、二线城市科技人才集聚变量的一次项（agg）回归系数为 0.0290，在 5% 水平下显著，二次项（sagg）回归系数未通过显著性检验；列（2）中三线及以下城市科技人才集聚变量的一次项（agg）回归系数为 0.1274，在 1% 水平下显著，二次项（sagg）回归系数为 −0.0352，在 5% 水平下显著，表明一、二线城市科技人才集聚有利于促进全要素生产率增长，而三线及以下城市科技人才集聚对全要素生产率增长的影响呈现倒 U 形关系，假说 5.2（c）未得到验证。

同理，由表 5−12 中的列（3）与列（4）可知，高经济发展水平城市科技人才集聚变量的一次项（agg）回归系数为 0.1306，在 10% 水平下显著，二次项（sagg）回归系数未通过显著性检验；低经济发展水平城市科技人才集聚变量一次项（agg）回归系数为 0.1365，在 1% 水平下显著，二次项（sagg）回归系数为 −0.0354，在 5% 水平下显著，表明高经济发展水平城市科技人才集聚有利于促进全要素生产率增长，而低经济发展水平城市科技人才集聚对全要素生产率增长的影响呈现倒 U 形关系，假说 5.2（d）未得到验证。

表 5−12　基于城市经济发展异质性的回归结果

变量	一、二线城市	三线及以下城市	高经济发展城市	低经济发展城市
	（1）	（2）	（3）	（4）
agg	0.0290 **	0.1274 ***	0.1306 *	0.1365 ***
	(2.071)	(2.990)	(1.797)	(2.649)
sagg	−0.0034	−0.0352 **	−0.0356	−0.0354 **
	(−0.839)	(−2.273)	(−1.432)	(−2.034)
indus	0.0142	0.1373 **	0.2420	0.1320 **
	(0.258)	(2.394)	(0.992)	(2.197)
fiscal	−0.0267	−0.1218 **	−0.0990	−0.1184 **
	(−0.279)	(−2.459)	(−0.548)	(−2.380)
fdi	0.0464	0.1710	0.1670	0.1440
	(0.645)	(1.454)	(1.231)	(1.181)

续表

变量	一、二线城市	三线及以下城市	高经济发展城市	低经济发展城市
	（1）	（2）	（3）	（4）
post	-0.2920	-0.4478*	-0.1270	-0.5016**
	（-1.307）	（-1.862）	（-0.317）	（-2.144）
mark	0.0180	0.2456***	0.3124**	0.2141**
	（0.777）	（3.165）	（2.007）	（2.584）
Constant	0.9154***	0.7301***	0.5677***	0.7443***
	（22.667）	（13.365）	（4.659）	（12.211）
时间效应	YES	YES	YES	YES
个体效应	YES	YES	YES	YES
N	588	2832	852	2568
R^2	0.1530	0.1330	0.1830	0.1220
F	22.1700	28.4900	17.8900	23.2600

注：***、**、*分别表示1%、5%、10%的统计水平下显著；括号中数值为t值。

（四）异质性区间考察

综上可知，不同地理区位、不同行政等级及不同经济发展水平城市的科技人才集聚对全要素生产率增长影响存在明显的差异性。一是省会城市，一、二线城市及高经济发展水平城市等具有明显优势特征的城市科技人才集聚有利于促进全要素生产率增长，目前尚未出现拐点值；二是非省会城市、三线及以下城市、低经济发展水平城市、东部地区城市的科技人才集聚对全要素生产率增长的影响呈现倒U形关系，而西部地区城市科技人才集聚水平整体偏低，对全要素生产率增长的促进效应仍未显现（见表5-13）。上述研究结论充分表明了不同类型城市科技人才集聚效应的差异性，省会城市等具有优势特征的城市拐点值更高，而非省会、低经济发展水平城市等仍没有形成科技人才集聚促进全要素生产率增长的长效机制，易出现拐点。

表5-13 不同类型城市异质性比较

不同类型城市的划分			关系	拐点
城市地理区位	东中西划分	东部城市	倒 U 形	1.6096
		中部城市	促进	无
		西部城市	不显著	无
城市行政等级	省会与非省会划分	省会城市	促进	无
		非省会城市	倒 U 形	1.7938
城市经济发展水平	一、二、三线城市划分	一、二线城市	促进	无
		三线及以下城市	倒 U 形	1.8097
	不同经济发展水平划分	高经济发展水平城市	促进	无
		低经济发展水平城市	倒 U 形	1.9279

究其原因，对于省会城市，一、二线城市及高经济发展水平城市等具有特色优势的城市而言，其经济基础、科技创新能力和商业活跃度相对较强，同时在交通可达性、创新基础设施等方面均拥有更高的承载力，往往对高素质、高技能人才有更大的需求，其能够容纳和吸收的科技人才规模水平较高。同时，这些城市具有较好的地方品质、优良的创新生态及营商环境等（张三保和曹锐，2019），科技人才集聚能更好地促进集聚红利的释放，进而对全要素生产率增长的促进作用得到了充分发挥。因此，这类具有优势特征的城市科技人才集聚对全要素生产率增长有明显促进作用，且这类型城市的拐点值更高，目前尚未出现拐点。

而对于非省会城市、三线及以下城市、经济发展水平较低等缺乏优势特征的城市而言，自身经济状况、地缘缺陷及配套产业不完善等导致其仍没有形成以创新要素为主导支撑的创新驱动发展路径。同时，承载科技人才集聚的相应配套高技术产业相对缺乏且在长期发展中仍然处于无序发展的状态，没有形成科技人才集聚促进全要素生产率增长的长效机制。当这类型城市科技人才集聚超过一定规模后，可能会因地区基础设施和公共产品承载能力不足造成一定的"拥塞效应"，如造成高层次人才低层次就业或部分科技人才资源被闲置等引发人才"高消费"，人才效能难以得到充分发挥,导致该地区资源配置失衡,进而产生效率损失。另外,过度集聚也可能致使这类城市人才浪费与管理难度加大,带来各方面成本增加。因此,这类型城市目前科技人才集聚规模容纳水平更低,更易出现拐点,且这类城市拐点前后变化较为明显。

同时,本书发现在几类分组中,东部地区城市科技人才集聚对全要素生产率增长的影响呈倒 U 形关系,这可能是由于东部地区各城市科技人才集聚离散程度大,科技人才更多集聚在其中少数经济发展水平较高的城市,对其他东部地区城市产生虹吸效应,使得东部地区整体科技人才集聚与全要素生产率增长呈现倒 U 形关系。

进一步地,结合表 5 - 13 可知,对比几组非线性关系,虽然同是倒 U 形关系,但科技人才集聚水平的拐点值大小差异明显,整体呈现出:低经济发展水平城市(1.9279) > 三线及以下城市(1.8097) > 非省会城市(1.7938) > 东部地区城市(1.6096)。按照这几组分类的标准来看,即使是按东部地区的标准,非省会城市也已经有很多地市超过了科技人才集聚水平的适宜区间,不利于促进全要素生产率增长;而如果是按照东部城市的集聚效率,非省会城市应该控制科技人才集聚水平继续提升,这显然是不符合实情的。这说明不同类型城市内部同样存在不同的科技人才集聚效应,并非每个地区在达到了相同的科技人才集聚规模后,都可以释放出较高的人才集聚红利,也不是所有地区在超过了适度集聚区间后将产生集聚不经济效应(王静文和王明雁,2019)。

四、进一步研究:有效市场与有为政府调节效应

中国各地区科技人才集聚呈现不同的发展状态,一个地区不仅需要集聚科技人才,重要的是如何更好地发挥科技人才集聚效应。市场机制和政

府干预作为两种配置资源的方式，在这个过程中有效市场和有为政府的良性互动发挥了非常关键的作用。

市场决定资源配置主要是依据市场价格、市场竞争等的有效运行来调节配置资源，以实现效益最大化和效率最优化（洪银兴，2014）。完善成熟的市场机制意味着政府对经济运行干预的范围和力度逐步缩小，行政性垄断扭曲资源配置的程度大大降低（方军雄，2007），可推动科技人才、资本自由流动并形成合理的价格竞争效应，使科技人才等价值得到充分体现，进而实现各类创新资源有效配置及经济效率提高（李明珊等，2019）。相反，以地方保护主义和寻租关系所形成的要素市场扭曲会阻碍科技人才等资源在企业或者产业间自由流动甚至跨区域转移，这在一定程度上削弱了市场机制的配置功能（李善同等，2004），加剧了人才、资本等资源错配从而导致产出效率偏离最优，不利于全要素生产率的提升（Ryzhenkov，2016；Thi et al.，2016；谢贤君，2019）。

地方政府参与区域创新活动的一个重要原因在于，市场机制无法解决创新的外部性问题，使得市场在创新资源配置等方面存在效率损失（Szczygielski et al.，2017），而有效的政府支持能够弥补技术创新过程中出现的市场失灵与缺位，优化科技人才、资本等资源配置效率进而使地区的全要素生产率得到改善（焦翠红，2017）。一方面，政府通过财政科技投入、补贴等引导各地区科技人才有效集聚。例如，为集聚于本地的高端技术人才创造较为丰厚的薪资空间、福利待遇和创新奖励（卓乘风和邓峰，2017）；减免税收以减小相关企业的创新活动成本，进而有更多资金用于引进人才、提高人员薪水、改善创新活动环境。另一方面，政府出台实施各种有利于创新活动开展的法律法规、优化创新基础设施建设等激发本地科技人才集聚效应有效发挥。例如，政府加快区域交通、通信网络化基础设施建设以及申报高新技术产业开发区、科技园区等有利于加强科技人才间互动与交流，促进区域创新效率和全要素生产率提升。

因此，深入地揭示地区市场机制与政府干预对科技人才集聚影响全要素生产率增长的调节效应，有利于更好地发挥有效市场与有为政府的作用。

（一）模型构建与变量说明

基于上述分析，本节参考 Hansen（1999）的做法，通过构建面板门槛回归模型进行实证检验，假设各变量均存在一个门槛值 $\eta 1$，构建如式（5-14）所示的面板门槛模型，具体在实证分析中通过门槛特征估计选择单一门槛模型或扩展为多重门槛模型。模型构建如下：

$$TFP_{it} = \alpha_0 + \alpha_1 agg_{it} + \alpha_2 M_{it} + \alpha_3 agg \times M \times I(M \leqslant \eta_1) + \alpha_4 agg \times M \times$$
$$I(M > \eta_1) + \varphi X_{it} + \varepsilon_{it} \tag{5-14}$$

式中，$I(*)$ 为示性函数，当满足括号内的条件时，该函数取值为 1，不满足时取值为 0；α_3、α_4 分别表示当 $M \leqslant \eta_1$、$M > \eta_1$ 时，门槛变量 M 的调节效应系数；X 为控制变量，其定义与前文一致。其中，门槛变量为地区市场化水平（mark）与政府研发支持强度（gov），这里本书通过一个地区的市场化水平来衡量有效市场变量，即采用"各地区非国有经济产值、从业人员与固定资产投资占比的加权平均值"衡量。由于地方政府对地区创新活动的支持主要包括政策支持与资金支持两方面，但政策支持一般不容易度量，而政府对区域创新活动的资金投入则较易获取，因此，有为政府重点关注政府的研发支持强度，采用"各地区政府科学事业支出占政府财政总支出比重"衡量。

（二）门槛特征检验

根据上述模型，为了确定门槛个数，这里首先对地区市场化水平与政府研发支持的门槛特征进行了存在性检验。依次在单一门槛、双重门槛和三重门槛假定下借助 Stata15.0 软件，采用 Bootstrap 法反复抽取样本 1000 次进行门槛特征检验（见表5-14）。结合表5-14可知，市场化水平单一门槛检验结果显示 F 值为 33.3，p 值为 0.0270，在 5% 水平下拒绝了线性模型优于单门槛模型的原假设，且门槛值为 0.8201；同理，政府研发支持强度单一门槛检验结果显示 F 值为 15.3000，p 值为 0.0090，在 5% 水平下拒绝了线性模型优于单门槛模型的原假设，且门槛值为 0.0105。这表明不同地区市场化水平与政府研发支持强度对科技人才集聚与全要素生产率增长关系的影响均存在单门槛特征。

表 5-14　门槛特征自抽样检验

门槛变量	门槛数	门槛值	F 值	p 值	临界值			BS 次数
					10%	5%	1%	
市场化水平	单一门槛	0.8201	33.3000	0.0270	25.8817	29.4130	37.3028	1000
	双重门槛	0.6615	4.9100	0.9290	17.0099	18.7939	25.3475	1000
	三重门槛	0.2769	6.2400	0.7760	14.5559	17.4283	21.9806	1000
政府研发支出	单一门槛	0.0105	15.3000	0.0090	9.5246	10.8993	15.0457	1000
	双重门槛	0.0050	4.1800	0.6420	9.9115	12.4153	22.4148	1000
	三重门槛	0.0070	3.9400	0.8120	11.3923	13.7733	18.7583	1000

注：p 值和临界值是采用 Bootstrap 法反复抽样 1000 次得到。

（三）门槛效应结果分析

进一步通过面板门槛回归模型分析了不同门槛区间范围内，地区市场化水平与政府研发支持强度对区域科技人才集聚与全要素生产率增长关系的非线性调节效应（见表 5-15）。

表 5-15　门槛效应回归结果

变量	市场化水平	变量	政府研发支持
	（1）		（2）
indus	-0.0000	indus	-0.0605
	（-0.000）		（-1.194）
fiscal	-0.1090	fiscal	-0.2083 **
	（-1.085）		（-1.997）

续表

变量	市场化水平	变量	政府研发支持
	（1）		（2）
fdi	0. 1798	fdi	0. 1916
	（1. 487）		（1. 580）
post	－ 0. 1242	post	－ 0. 0286
	（－ 0. 581）		（－ 0. 134）
mark	0. 1874 ***	mark	0. 2043 ***
	（3. 373）		（3. 645）
区间 1	0. 0306 **	区间 1	0. 0088
	（2. 289）		（0. 581）
区间 2	0. 1400 ***	区间 2	0. 0429 ***
	（6. 028）		（3. 168）
cons	0. 8642 ***	cons	0. 9048 ***
	（17. 901）		（17. 756）
N	3420	N	3420
R^2	0. 0278	R2	0. 0227
F	12. 7605	F	10. 3562

注：***、**、* 分别表示1%、5%、10%的统计水平下显著；括号中数值为 t 值。

结合表 5 – 15 可知，地区市场化水平提升会正向调节区域科技人才集聚与全要素生产率增长之间的关系，当地区市场化水平位于区间 1 时（mark < 0. 8201），科技人才集聚对全要素生产率增长的回归系数为0. 0306，在 5% 水平下显著；当地区市场化水平位于区间 2 时（mark > 0. 8201），科技人才集聚对全要素生产率增长的回归系数为 0. 1400，且在1% 水平下显著。这表明当位于较高市场化水平区间内时（mark > 0. 8201），区域科技人才集聚对全要素生产率增长的促进作用明显增强，即科技人才集聚效应的发挥得益于该地区有效市场的正向调节作用，较高的市场化水平有利于促进科技人才集聚效应的发挥。

同理，当地区政府研发支持强度位于区间 1 时（gov < 0. 0105），科技人才集聚的回归系数为 0. 0088，未通过显著性检验；而当地区政府研发支

持强度超过0.0105时，即位于区间2时（gov > 0.0105），其回归系数变为0.0429，且在1%水平下显著，说明当地区政府研发支持强度超过了门槛值0.0105后，科技人才集聚对全要素生产率增长的促进作用明显增强。可能的原因在于，增加地方政府研发支持强度一方面有利于强化本地区的虹吸效应（张斯琴和张璞，2017），引导更多的科技人才向研发支持强度高的地区集聚，优化地区间科技人才资源的重新配置；另一方面，政府用于创新活动的支持可以有更多的资金用于引进人才、提高人员薪水、改善创新活动环境，更好地发挥地方政府"有为"的作用，进而极大地激发集聚区内科技人才的创新动力与效率，促进地区全要素生产率增长。

五、本章小结

本章基于2005～2017年中国285个城市面板数据，通过构建面板固定效应模型与空间杜宾模型实证探究了区域科技人才集聚对全要素生产率增长的影响及空间溢出效应；并基于不同城市地理区位、行政等级及经济发展水平等差异实证考察了二者关系的区域异质性。在此基础上，进一步采用面板门槛模型揭示了地区市场化水平与政府研发支持的不同区间对区域科技人才集聚与全要素生产率增长关系的门槛效应。研究表明：第一，区域科技人才集聚对全要素生产率增长呈现倒U形关系，但绝大多数地区属于倒U形曲线的左半段，即科技人才集聚规模尚处于集聚效应占主导阶段，且科技人才集聚对全要素生产率增长影响的空间溢出效应表现为地理距离邻近地区溢出影响更大，在考虑了变量度量、样本选择误差及可能的内生性后实证结果依然稳健。第二，不同类型城市二者关系的异质性特征明显：省会城市及一、二线城市等具有优势特征的城市尚未出现拐点值，科技人才集聚能有效促进全要素生产率增长；非省会城市、三线以下城市等二者关系呈现倒 U 形，而西部地区城市的科技人才集聚效应仍未显现。第三，高市场化水平区间，区域科技人才集聚对全要素生产率增长的促进效应明显增强；而当政府研发支持超过门槛值 0.0105 时，能有效增强区域科技人才集聚对全要素生产率增长的促进作用。研究结论对各地区引导科技人才合理集聚，探求不同类型城市科技人才集聚的最优规模，进而促进全要素生产率增长有重要的参考意义。

第六章

科技人才集聚、主体异质性与
全要素生产率增长

区域内企业、研究机构和高校等创新主体在 R&D 活动中各有侧重，如何通过优化各主体间科技人才资源配置结构，充分发挥其对全要素生产率增长的促进作用，是高质量发展下优化科技人才资源配置中亟待研究的问题。本章剖析了区域内企业、研究机构与高校三类创新主体科技人才集聚差异对全要素生产率增长的影响机制；基于数据可获得性，选取 2009~2017 年中国 30 个省份面板数据对异质性创新主体间科技人才集聚对全要素生产率增长的影响及空间溢出效应进行实证检验，并进一步分析了有效市场与有为政府对各创新主体间二者关系的非线性调节效应，以期为优化区域内不同创新主体间人才资源配置效率，促进全要素生产率增长提供经验证据。

一、理论分析与模型构建

（一）理论分析与研究假设

区域内 R&D 活动的主体可分为企业、研究机构和高校，基于创新主体异质性考虑，各创新主体在知识创造、产品研发等 R&D 活动中扮演着不同的角色，而科技人才、资本等 R&D 资源在各主体间的集聚水平直接影响该主体从事科学技术知识生产活动与成果转化的能力及创新效率，进而影响全要素生产率增长。因此，在技术创新过程中如何优化配置企业、研究机构与高校等创新主体间的科技人才资源，对推进地区全要素生产率增长发挥了重要作用。

企业作为技术创新的主体，侧重以新产品、新技术开发推广与成果转化等为主的应用研究与试验开发研究活动，有利于将科学知识转化为实际产出和直接经济效益（焦翠红和陈钰芬，2018）。基于经济利润驱动，科技人才在企业集聚有利于更多的科技人才集聚到能够迅速带来商业价值的应用研究与试验发展环节（杨玲和许传龙，2016），进而促进企业在某项专业化领域实现新产品、新技术的研发，实现知识从理论形态向现实生产力转化，促进全要素生产率增长。尤其是高技术企业聚集了区域内大量科技人才、资本等要素，有利于实现人才链、资金链与产业链组合配置提升，对企业生产效率及经济价值创造产生显著影响，促进了全要素生产率增长（Bakay et al.，2011；彭伟辉，2019）。

高校和科研机构主要从事认识现象、获取关于现象和事实基本原理的基础研究和应用研究，能够扩大科学技术知识（焦翠红和陈钰芬，2018）。高校作为知识创造和知识传播的重要主体，是国家创新体系构建的重要环节，其创新活动或 R&D 投入对区域创新具有显著正向促进作用（Fischer & Varga，2003；Anselin et al.，2005）。随着《国家中长期科学和技术发展规划纲要（2016—2020）》以及建设"双一流"大学重点工程的提出，进一步明确了高校在区域创新体系中的重要作用，而集聚大量的科研科技人才及丰富的科研资源在对推进高校科研创新能力提升及创新效率发挥了重要作用。一方面，高校科研创新人员的科研能力能够在从事教学和科研过程中不断得到提高，高校科研人员主要通过项目资助及其他竞争性申请方式获得科研资金，竞争性筛选提高了科研项目质量和科研人员科研水平，推进创新性水平高的科研成果产生，提高资源配置效率。另一方面，研究型大学通过提供免费知识池、培育发展衍生企业、向企业转移专利技术以及 R&D 人员到企业兼职等形式，搭建企业、科研机构和政府的相互作用平台，促进创新主体间知识溢出（Braunerhjelm et al.，2017；Fukugawa，2016），有利于促进区域全要素生产率提升。总之，高校创新人力和财力要素集聚可通过学术交流与资源共享等增强科技人才的知识学习和知识创新能力，运用现代科学技术来不断优化自身的工作质量和工作效率，对本区域创新效率及周边地区产生溢出效应（吴卫红等，2018）。

科研机构内科技人才专业性强，主要从事基础研究、应用研究等工作，其重点在于在基础科学研究、共性技术研究和公共适用技术研究方面取得突破。但与试验开发研究环节相比，基础研究具有前期投入大、失败风险高、研发周期长以及社会回报远高于私人回报等特点（王文和孙早，2016；Clarysse et al.，2009），过低的科技人才集聚强度必然影响其产出效率。基础研究推动技术进步的知识溢出效应归结为两方面：基础研究不仅能够拓宽知识广度，为技术开发和应用提供丰富的知识资源，而且能够加深知识深度，提高技术开发者对新技术的敏感度以及吸收和应用能力（Henard Mcfadyen，2005）。因此，科研机构科技人才的存量及集聚强度决定了基础科学知识的增长率，集聚于科学事业的研究人员数量越多，基础科学知识的增长率越高，全要素生产率增长就越高（杨立岩和潘慧峰，2003）。此外，大学和科研机构具备将知识转化为经济产出的能力（Yigit-canlar et al.，2017），更倾向于集聚在一起，集聚为企业、研究机构和高校等主体创新活动开展提供了更多资源优势和更好制度环境（Panne，2004），促进了相互间协同合作并能产生更加频繁的知识流动和更多的创新成果，有利于促进全要素生产率增长。

基于上述分析，提出以下研究假说：

假说 6.1：区域内企业科技人才集聚有利于促进全要素生产率增长。

假说 6.2：区域内高校科技人才集聚有利于促进全要素生产率增长。

假说 6.3：区域内研究机构科技人才集聚有利于促进全要素生产率增长。

假说6.4：科技人才在区域内异质性创新主体间集聚对全要素生产率增长的边际贡献度不同。

（二）模型构建与变量说明

1. 模型构建

综上，为检验区域内异质性创新主体（企业、高校及研究机构）科技人才集聚水平差异对全要素生产率增长的影响，因此，构建如下模型进行实证检验。具体模型构建如式（6－3）所示。

$$TFP_{it} = \beta_0 + \beta_1 agg\,\tau_{it} + \beta_2 indus_{it} + \beta_3 fiscal_{it} + \beta_4 fdi_{it} + \beta_5 post_{it} + \beta_6 mark_{it} + \mu_i + v_t + \varepsilon_{it} \tag{6－1}$$

式中，TFP 表示全要素生产率；$agg\,\tau$ 表示不同创新主体科技人才集聚水平变量（τ 依次表示企业、研究机构与高校三类创新主体）。其余变量为控制变量，主要包括产业结构（$indus$）、政府干预（$fiscal$）、对外开放程度（fdi）、信息化水平（$post$）及市场化水平（$mark$）；β_0 为常数项，β_i 为解释变量估计系数，i 代表不同地区，t 代表样本年度；μ_i 代表个体效应，v_i 代表时间效应，ε_{it} 代表随机干扰项。

同时，为了更好地验证企业、研究机构与高校异质性创新主体科技人才集聚对全要素生产率增长的空间溢出效应，本书进一步构建空间计量模型对二者关系的空间溢出效应进行检验。具体地，本节通过构建空间杜宾模型（SDM）进行实证检验。具体模型构建如下：

$$TFP_{it} = \beta_0 + \rho W \times TFP_{it} + \beta_1 agg\,\tau_{it} + \beta_2 indus_{it} + \beta_3 fiscal_{it} + \beta_4 fdi_{it} + \beta_5 post_{it} + \beta_6 mark_{it} + \theta_1 W \times agg\,\tau_{it} + \theta_2 W \times indus_{it} + \theta_3 W \times fiscal_{it} + \theta_4 Wfdi_{it} + \theta_5 W \times post_{it} + \theta_6 W \times mark_{it} + \mu_i + v_t + \varepsilon_{it} \tag{6－2}$$

式中，ρ 表示被解释变量 TFP 的空间滞后系数，$W \times TFP$ 表示 TFP 的加权空间滞后变量；$W \times agg\,\tau$ 表示各创新主体科技人才集聚的加权空间滞后变量；W 表示空间权重矩阵，为综合考察地理特征与经济特征的影响，本书构建了邻接权重矩阵（若相邻两地有共同边界用 1 表示，否则以 0 表示）、地理距离权重矩阵（通过各省份省会城市间球面距离计算）和经济距离权重矩阵（以 2005～2017 年各省份人均 GDP 均值差异计算）分别进行回归分析，以验证估计结果的稳健性，详细构建过程类似于第五章，这里不做赘述。

2. 样本选取与变量说明

由于地级市样本无法获取企业、研究机构与高校三类创新主体科技人才相关的具体指标，而《中国科技统计年鉴》关于各地区 R&D 人员全时当量按不同执行部门（工业企业、研发机构和高校）分布的统计开始于 2009 年，因此，本章最终选择 2009～2017 年中国 30 个省份（除西藏）数据作为研究样本。相关数据主要来源于历年《中国科技统计年鉴》、《中国统计年鉴》及《中国工业经济统计年鉴》以及各省统计年鉴等，个别缺失数据采用前后两年均值予以代替。具体变量说明如下：

（1）被解释变量：全要素生产率（TFP）。本书通过构建全域 SBM 方向性距离函数，结合 Malmquist - Luenberger 生产率指数对 TFP 进行测算。具体测算时，投入指标包括劳动力投入，用各省城镇单位就业人数表征。资本投入，用各省固定资产存量表征并采用永续盘存法估算，公式为 $K_{it} = K_{it-1}(1-\delta) + I_{it}$，其中，初始资本存量 $K_0 = I_0 / (g + \delta)$，g 为固定资产投资的平均几何增长率，折旧率 δ 设定为 10.96%。能源投入，用各省能源消费总量表征。产出指标包括：期望产出，用各省地区生产总值表征，为消除通货膨胀因素影响，选用各省 GDP 价格指数平减为 2005 年不变价；非期望产出，用二氧化硫排放、烟（粉）尘排放量及废水放等三废排放量表征。详细测算过程见第四章，这里不做赘述。

（2）主要解释变量：各创新主体科技人才集聚（agg τ）。结合前文分析，这里具体采用各地区工业企业、研究机构和高校三类创新主体科技人才集聚区位熵指数表示，即"某地区τ创新主体 R&D 人员全时当量占该地区全部从业人员数的比重与全国τ创新主体 R&D 人员全时当量占全国全部从业人数比重之比"测度区域内τ创新主体科技人才集聚水平。具体测算公式如式（6-3）所示。

$$agg\ \tau_{it} = \frac{\dfrac{P_{\tau i}}{Q_i}}{\dfrac{\sum_i P_{\tau i}}{\sum_i Q_i}} \qquad\qquad (6-3)$$

式中，$agg\ \tau_{it}$ 表示第 i 个省份 t 年 τ 主体科技人才集聚水平，$P_{\tau i}$ 表示 i 地区 τ 创新主体 R&D 人员全时当量，Q_i 表示 i 地区全部从业人员数量，τ 分别表示工业企业、研究机构与高校三类创新主体，i 表示地区，t 表示年份。

（3）控制变量。主要包括：产业结构（indus），采用各地区工业产业增加值占 GDP 比重衡量；政府干预（fiscal），采用各地区政府财政支出占 GDP 比重衡量；对外开放程度（fdi），采用各地区实际外商直接投资额占 GDP 比重衡量，由于外商直接投资额是以美元核算的，本书依据当年人民币兑换美元汇率的均值进行换算处理；信息化水平（post），采用各地区邮电业务总量占 GDP 比重衡量；市场化水平（mark），采用各地区"非国有经济占工业总产值的比重、非国有经济在全社会固定资产总投资中的比重及非国有经济就业人口占总就业人口比重"三个指标加权平均衡量（见表6-1）。

表6-1　变量设定与具体测度指标说明

变量名称	变量符号	变量具体测度指标说明
全要素生产率	TFP	各地区 Malmquist – Luenberger 生产率指数衡量
企业科技人才集聚	aggq	各地区工业企业 R&D 人员全时当量占该地区全部从业人数的比重与全国工业企业 R&D 人员全时当量占全国全部从业人数比重之比衡量
研究机构科技人才集聚	aggy	各地区研究机构 R&D 人员全时当量占该地区全部从业人数的比重与全国研究机构 R&D 人员全时当量占全国全部从业人数比重之比衡量
高校科技人才集聚	aggg	各地区高校 R&D 人员全时当量占该地区全部从业人数的比重与全国高校 R&D 人员全时当量占全国全部从业人数比重之比衡量
产业结构	indus	各地区工业产业增加值占 GDP 比重衡量
政府干预	fiscal	各地区政府财政支出占 GDP 比重衡量

变量名称	变量符号	变量具体测度指标说明
对外开放程度	fdi	各地区实际外商投资额占 GDP 比重衡量
信息化水平	post	各地区邮电业务总量占 GDP 比重衡量
市场化水平	mark	各地区非国有经济产值、从业人员与固定资产投资占比的加权平均衡量

二、实证结果与分析

（一）变量描述性统计

为控制极端值对回归结果的干扰，本章对所有变量进行了上下 1% 的 Winsorize 处理，各变量描述性统计如表 6 - 2 所示。结合表 6 - 2 可知，企业、研究机构与高校三类创新主体科技人才集聚水平的均值依次为 0.7732、0.9828 与 1.0344，表明各地区研究机构与高校科技人才集聚水平整体高于企业科技人才集聚水平，即反映了各地区科技人才主要集聚于研究机构与高校，相较而言，企业作为技术创新的主体，科技人才集聚水平相对偏低；同时，对比三者的标准差可知，研究机构科技人才集聚水平的标准差为 1.0709，远高于企业科技人才集聚水平的标准差（0.5253）与高校科技人才集聚水平的标准差（0.5250），表明各地区研究机构科技人才集聚的极化发展趋势较其他两者更为明显，即反映了中国大部分科技人才集聚水平较高的科研机构主要集中在少数发达省市，而其他地区则分布较少。同时，各地区产业结构、政府干预、对外开放程度等因素存在较大差异，本章将其作为控制变量放入回归模型中。本章采用的数据处理软件为 Stata15.0。

表 6 – 2　各变量描述性统计

变量	样本量	均值	标准差	p25	p50	p75	最小值	最大值
TFP	270	1.0510	0.2460	0.9602	1.0000	1.0492	0.5200	3.8516
aggq	270	0.7732	0.5253	0.4358	0.6062	0.9911	0.1146	2.7944
aggy	270	0.9828	1.0709	0.4681	0.5898	1.0355	0.2005	6.4560
aggg	270	1.0344	0.5250	0.6511	0.8677	1.2607	0.2721	2.8458
indus	270	0.3876	0.0841	0.3505	0.4054	0.4514	0.1184	0.5304
fiscal	270	0.1847	0.0294	0.1642	0.1869	0.2067	0.1058	0.2508
fdi	270	0.0484	0.0419	0.0177	0.0301	0.0713	0.0014	0.1850
post	270	0.0432	0.0232	0.0272	0.0353	0.0519	0.0143	0.1190
mark	270	0.5960	0.1684	0.4355	0.6237	0.7130	0.2329	0.8734

注：p25、p50 和 p75 分别表示 1/4、1/2 和 3/4 分位数。

（二）基准模型结果分析

具体地，企业、研究机构及高校科技人才集聚与全要素生产率增长关系的散点拟合情况如图 6 – 1 ~ 图 6 – 3 所示。

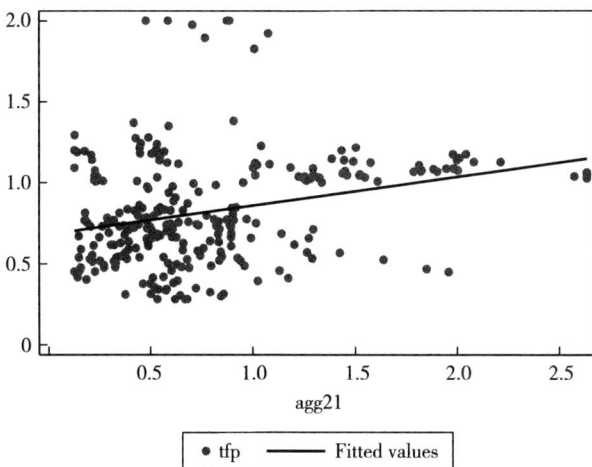

图 6 – 1　企业科技人才集聚与全要素生产率增长散点图

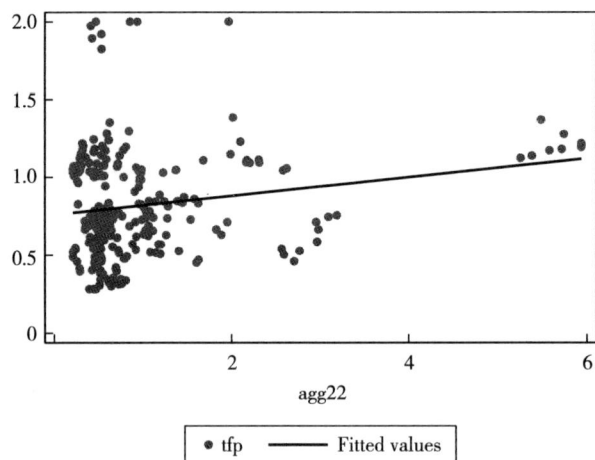

图 6 - 2　研究机构科技人才集聚与全要素生产率增长散点图

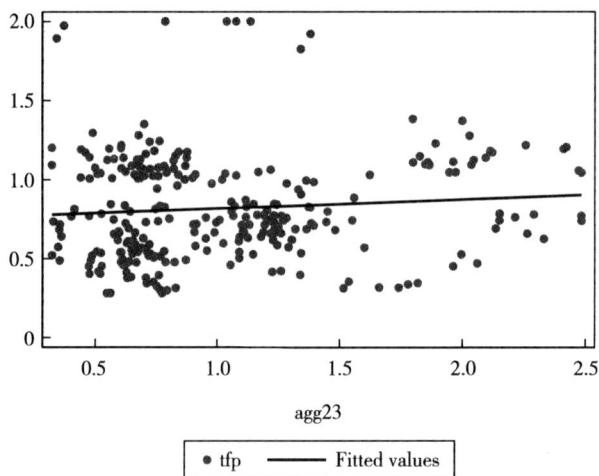

图 6 - 3　高校科技人才集聚与全要素生产率增长散点图

如图 6 - 1 ~ 图 6 - 3 所示，企业与高校科技人才集聚与全要素生产率增长关系的散点分布较为均匀，且二者的拟合曲线呈现明显的正相关趋势，而研究机构科技人才集聚与全要素生产率增长关系散点分布的两极化趋势明显，其中，科技人才高集聚水平与全要素生产率高增长的散点样本量较少，主要集中在图中的右上侧，而大部分散点样本集中在左下方且也表现出一定的正相关性。

通过固定效应模型估计，表6-3列出了企业、研究机构与高校科技人才集聚对全要素生产率增长影响的回归结果。其中，列（1）、列（3）与列（5）对应不加入控制变量情况下各创新主体科技人才集聚对全要素生产率增长影响的回归结果；列（2）、列（4）与列（6）为加入控制变量情况下各创新主体科技人才集聚对全要素生产率增长影响的回归结果。

结合表6-3中加入控制变量后的回归结果可知，列（2）中企业科技人才集聚变量（aggq）的回归系数为0.0850，且在5%水平下通过显著性检验，表示企业科技人才集聚水平每提高1%，全要素生产率增长率上升0.0850个百分点；列（4）中研究机构科技人才集聚变量（aggy）的回归系数为0.0406，在1%水平下通过显著性检验，表示研究机构科技人才集聚水平提高1%，全要素生产率增长率上升0.0406个百分点；列（6）中高校科技人才集聚变量（aggg）的回归系数为0.0519，在1%水平下通过了显著性检验，表示高校科技人才集聚水平提高1%，全要素生产率增长率提高0.0519个百分点。即表明企业、研究机构与高校科技人才集聚均有利于促进全要素生产率增长，验证了假说6.1～假说6.3。同时，比较三类创新主体科技人才集聚的回归系数值可知，不同创新主体科技人才集聚对地区全要素生产率增长的影响效果存在明显差异，其中，企业单位科技人才集聚对地区全要素生产率增长的促进效果高于高校单位科技人才集聚产生的作用，进而高于研究机构单位科技人才集聚对地区全要素生产率增长的提升效果，即0.0850＞0.0519＞0.0406，验证了假说6.4。由此可知，促进大多数地区科技人才向企业与高校两类创新主体集聚，在一定程度上有利于优化科技人才在各创新主体间的配置效应，促进全要素生产率增长。

表 6 – 3 异质性创新主体基准回归结果

变量	企业		研究机构		高校	
	(1)	(2)	(3)	(4)	(5)	(6)
	TFP	TFP	TFP	TFP	TFP	TFP
aggq	0.0767 ***	0.0850 **				
	(3.561)	(2.257)				
aggy			0.0321 **	0.0406 ***		
			(2.305)	(2.848)		
aggg					0.0542 **	0.0519 ***
					(2.144)	(2.621)
indus		– 0.6928 ***		– 0.4078 ***		– 0.5175 ***
		(– 4.377)		(– 3.445)		(– 3.765)
fiscal		– 0.1330		– 0.1600		0.3010
		(– 0.356)		(– 0.445)		(0.895)
fdi		– 0.0436		– 0.0626		0.0690
		(– 0.089)		(– 0.127)		(0.152)
post		– 0.7425 **		– 0.5000		– 0.5070
		(– 1.977)		(– 1.316)		(– 1.333)
mark		0.1684 *		0.3933 ***		0.2961 ***
		(1.796)		(3.939)		(3.364)
Constant	0.9852 ***	1.2056 ***	1.0130 ***	0.9824 ***	0.9885 ***	0.9778 ***
	(60.104)	(10.689)	(68.686)	(10.855)	(39.365)	(10.510)
时间效应	YES	YES	YES	YES	YES	YES
个体效应	YES	YES	YES	YES	YES	YES
N	270	270	270	270	270	270
R^2	0.0507	0.1560	0.0363	0.1670	0.0251	0.1510
F	12.6800	6.1820	5.3110	6.6860	4.5950	6.4450

注：*** 、** 、* 分别表示1% 、5% 、10%的统计水平下显著；括号中数值为 t 值。

从控制变量来看，产业结构的回归系数为负且通过了1% 水平下的显著性检验，说明工业产业结构未能促进"结构红利"充分释放，应不断优化产业结构以促进全要素生产率增长；信息化水平的回归系数为负，且部分通过了1%显著水平检验，表明中国大部分地区信息化水平整体偏低，在一定程度上对全要素生产率增长产生了抑制作用；市场化水平的回归系数显著为正，表明较高的市场化水平能够引导各类要素合理流动，优化地区间资源要素的配置效率，促进了全要素生产率增长；政府干预与对外开放程度的回归系数未通过显著性检验。

（三）稳健性检验

考虑到变量测度误差、反向因果关系等可能对实证研究结论的影响，本节主要通过改变被解释变量 TFP 的测算方法、系统 GMM 等对基准模型研究结论进行稳健性检验（见表6-4）。

表6-4　稳健性检验

变量	更换 TFP 测度方法		系统 GMM 内生性检验			
	(1)	(2)	(3)	(4)	(5)	(6)
	企业	研究机构	高校	企业	研究机构	高校
	TFP	TFP	TFP	TFP	TFP	TFP
aggq	1.1832***			0.1812***		
	(3.399)			(3.562)		
aggy		-0.0498			0.0855***	
		(-0.544)			(2.645)	
aggg			0.4314**			0.1581***
			(2.338)			(4.990)
indus	7.5613***	9.7568***	9.9601***	-0.4788*	-0.4390**	-0.5250***
	(6.515)	(8.704)	(9.069)	(-1.817)	(-2.293)	(-2.871)
fiscal	-18.5185***	-13.1237***	-12.9293***	-2.9670***	-2.5817***	-2.7948***
	(-5.344)	(-3.769)	(-3.952)	(-13.370)	(-6.472)	(-10.328)
fdi	13.2497***	19.2951***	16.4167***	-0.7620	-0.5774*	-0.2880
	(5.122)	(5.843)	(5.370)	(-1.250)	(-1.761)	(-0.639)
post	5.8949*	4.1530	7.3163*	-0.0245	0.1720	0.1680
	(1.692)	(1.111)	(1.840)	(-0.152)	(0.845)	(1.220)

续表

变量	更换 TFP 测度方法			系统 GMM 内生性检验		
	（1）	（2）	（3）	（4）	（5）	（6）
	企业	研究机构	高校	企业	研究机构	高校
	TFP	TFP	TFP	TFP	TFP	TFP
mark	−0.4730	0.3350	0.9890	0.3635 *	0.5306 ***	0.5541 ***
	（−0.656）	（0.440）	（1.524）	（1.817）	（4.292）	（6.037）
L. TFP				0.6017 ***	0.5322 ***	0.5917 ***
				（16.048）	（11.229）	（13.353）
Constant	7.1849 ***	5.6018 ***	4.6051 ***	0.8464 ***	0.7702 ***	0.6763 ***
	（9.220）	（7.450）	（5.625）	（4.876）	（6.848）	（5.385）
时间效应	YES	YES	YES	YES	YES	YES
个体效应	YES	YES	YES	YES	YES	YES
N	270	270	270	240	240	240
R^2	0.3630	0.3220	0.3330			
F	24.2000	22.6100	20.4100			
AR（1）				0.0066	0.0164	0.0076
AR（2）				0.1027	0.1367	0.0929
Sargon				1.0000	1.0000	1.0000

注：***、**、*分别表示1%、5%、10%的统计水平下显著；括号中数值为 t 值。

1. 改变被解释变量 TFP 测算方法

通过构建 C-D 生产函数，采用索洛余值法进一步对各省份全要素生产率进行重新测度，并以此作为被解释变量的代理变量，其余处理方式均不变。更换核心被解释变量 TFP 测算方法后，企业、研究机构与高校创新主体科技人才集聚对全要素生产率增长影响的回归结果如表6-4所示。

由表6-4中列（1）~列（3）可知，不同创新主体科技人才集聚对全要素生产率增长的影响与基准回归基本一致，其中，企业科技人才集聚对全要素生产率增长的回归系数为1.1832，通过了1%水平下的显著性检验；高校科技人才集聚对全要素生产率增长的回归系数为0.4314，通过了5%显著性下水平检验；仅研究机构科技人才集聚对全要素生产率增长的

回归系数为 -0.0498，未通过检验，与基准回归存在差异，基本验证了基准回归结果的稳健性。

2. 模型设定的内生性检验——系统 GMM

考虑到企业、研究机构与高校科技人才集聚与全要素生产率增长双向因果关系导致的内生性问题对研究结论产生的影响，这里结合工具变量选取原则，分别选取了企业、研究机构与高校科技人才集聚变量的一阶滞后项作为工具变量进行系统 GMM 检验，具体结果如表6.4所示。

由表6-4中列（4）~列（6）可知，企业、研究机构及高校科技人才集聚变量对全要素生产率增长的影响均为正，均在1%水平下显著，表明采用系统 GMM 方法缓解了内生性问题可能导致的偏误影响下，虽然部分核心解释变量的显著性水平有所变化，但整体实证结论依然与基准分析保持一致，进而证明了本研究结论的稳健性。

（四）空间溢出效应分析

基于前文分析，本节主要采用 SDM 模型进行估计，以分析邻接权重矩阵、地理距离权重矩阵与经济距离权重矩阵下企业、研究机构和高校三类创新主体科技人才集聚对全要素生产率增长影响的空间溢出效应，具体估计结果如表6-5~表6-7所示。

结合表可知，区域内异质性创新主体科技人才集聚对全要素生产率增长的空间溢出存在明显差异性。

1. 企业科技人才集聚与全要素生产率增长的关系

企业科技人才集聚对本地全要素生产率增长促进效应明显；基于邻接矩阵与地理距离权重矩阵回归下，企业科技人才集聚对全要素生产率增长的空间溢出效应明显；基于经济距离权重矩阵下，企业科技人才集聚对全要素生产率增长的空间溢出效应不明显。

具体地，结合表6-5可知，在邻接权重矩阵下，企业科技人才集聚的直接效应回归系数为0.0426，在10%水平下通过了显著性检验；空间溢出效应的回归系数为0.4812，在1%水平下通过了显著性检验。在地理

表 6-5 企业科技人才集聚空间溢出效应回归结果

变量	邻接权重矩阵			地理距离权重矩阵			经济距离权重矩阵		
	直接效应	溢出效应	总效应	直接效应	溢出效应	总效应	直接效应	溢出效应	总效应
aggq	0.0426*	0.4812***	0.5238***	0.0597*	1.5608**	1.6205**	0.0317	0.1070	0.1380
	(1.784)	(2.889)	(2.875)	(1.746)	(2.099)	(2.122)	(0.828)	(0.473)	(0.595)
indus	-0.2468	-1.4280**	-1.674***	0.1540	-0.1340	0.0202	-0.2450	-2.1960**	-2.4410**
	(-1.378)	(-2.384)	(-2.652)	(0.821)	(-0.078)	(0.012)	(-1.063)	(-2.223)	(-2.379)
fiscal	-0.4162	-0.4517	-0.8679	-0.5320	0.3450	-0.1870	-0.3960	-0.8090	-1.2050
	(-0.805)	(-0.285)	(-0.555)	(-0.986)	(0.082)	(-0.047)	(-0.636)	(-0.545)	(-0.735)
fdi	0.9612*	-5.7712**	-4.8099*	0.9080	-9.4470	-8.5390	1.5582*	2.3278*	3.8860**
	(1.832)	(-2.110)	(-1.790)	(1.489)	(-1.362)	(-1.206)	(1.830)	(1.701)	(1.961)
post	0.6503	-0.4877	0.1626	1.5160	-0.8720	0.6440	0.5270	-2.4230**	-1.897**
	(0.478)	(-0.241)	(0.139)	(1.489)	(-0.521)	(0.296)	(0.505)	(-2.061)	(-2.040)
mark	0.0926	0.0285	0.1211	-0.0413	1.0540	1.0130	-0.0579	-0.0104	-0.0683
	(0.815)	(0.092)	(0.340)	(-0.317)	(0.904)	(0.841)	(-0.353)	(-0.029)	(-0.148)
ρ	0.4307***			0.6004***			0.4420***		
	(7.933)			(9.959)			(5.507)		
lgt theta	15.6465***			15.7464***			1.7191**		
	(4.894)			(5.252)			(1.998)		
sigma2	0.0391*			0.0397			0.0404		
	(1.713)			(1.659)			(1.540)		
N	270			270			270		
R²	0.2440			0.1940			0.2070		

注: ***、**、* 分别表示 1%、5%、10% 的统计水平下显著; 括号中数值为 t 值。

表6-6　研究机构科技人才集聚空间溢出效应回归结果

变量	邻接权重矩阵			地理距离权重矩阵			经济距离权重矩阵		
	直接效应	溢出效应	总效应	直接效应	溢出效应	总效应	直接效应	溢出效应	总效应
aggy	0.0371***	0.0174	0.0544	0.0465***	0.1570	0.2034**	0.0465***	0.0344	0.0809
	(2.761)	(0.412)	(1.058)	(4.462)	(1.568)	(2.015)	(3.416)	(0.494)	(1.133)
indus	-0.2414	-0.8159	-1.0574*	0.3393*	0.0216	0.3610	-0.0040	-2.1800***	-2.1830**
	(-1.175)	(-1.634)	(-1.837)	(1.972)	(0.013)	(0.209)	(-0.024)	(-2.693)	(-2.497)
fiscal	-0.8601	0.8418	-0.0183	-1.0257*	1.2260	0.2000	-0.5590	0.0739	-0.4850
	(-1.333)	(0.444)	(-0.009)	(-1.756)	(0.330)	(0.058)	(-0.970)	(0.051)	(-0.330)
fdi	0.8337	-3.6305*	-2.7969*	0.9380	-0.8590	0.0787	1.3600	1.9900	3.3496*
	(1.070)	(-1.863)	(-1.685)	(1.466)	(-0.209)	(0.019)	(1.598)	(1.542)	(1.824)
post	0.1940	0.4708	0.6648	2.0425***	-0.1220	1.9200	1.1630	-2.5131**	-1.3505*
	(0.120)	(0.215)	(0.705)	(2.689)	(-0.069)	(1.042)	(1.287)	(-2.571)	(-1.785)
mark	0.2700	0.7851**	1.0551**	0.1650	3.9818***	4.1466***	0.1540	0.0971	0.2510
	(1.552)	(2.224)	(2.440)	(0.981)	(3.077)	(3.141)	(0.855)	(0.358)	(0.798)
ρ	0.4533***			0.5923***			0.4414***		
	(8.970)			(10.109)			(5.650)		
lgt theta	2.7297			16.4708***			2.3990		
	(1.585)			(6.729)			(1.401)		
sigma2 e	0.0398			0.0398			0.0402		
	(1.564)			(1.585)			(1.497)		
N	270			270			270		
R²	0.2121			0.2210			0.2270		

注：***、**、*分别表示1%、5%、10%的统计水平下显著；括号中数值为t值。

科技人才集聚的全要素生产率提升效应研究

表6-7 高校科技人才集聚空间溢出效应回归结果

变量	邻接权重矩阵			地理距离权重矩阵			经济距离权重矩阵		
	直接效应	溢出效应	总效应	直接效应	溢出效应	总效应	直接效应	溢出效应	总效应
aggg	0.0667*** (3.717)	-0.0863 (-1.436)	-0.0196 (-0.303)	0.0568*** (2.725)	0.0774 (0.283)	0.1340 (0.477)	0.0935*** (3.601)	0.2204** (2.190)	0.3139*** (2.600)
indus	-0.3798** (-2.018)	-0.6407 (-1.507)	-1.0204** (-2.013)	0.2260 (1.277)	0.3170 (0.163)	0.5430 (0.274)	-0.1910 (-1.510)	-2.5130*** (-2.989)	-2.7040*** (-3.013)
fiscal	-0.3329 (-0.575)	1.5604 (0.945)	1.2275 (0.779)	-0.3250 (-0.571)	2.2230 (0.521)	1.8990 (0.478)	0.1250 (0.222)	1.3200 (0.960)	1.4440 (1.203)
fdi	0.8887 (1.415)	-4.0497** (-2.000)	-3.1610* (-1.734)	1.0190 (1.572)	-4.0830 (-0.985)	-3.0640 (-0.705)	1.4826** (2.190)	2.7598** (2.524)	4.2424*** (2.576)
post	0.4926 (0.327)	0.2225 (0.103)	0.7150 (0.708)	1.5852* (1.926)	0.5650 (0.275)	2.1500 (1.163)	1.3660 (1.583)	-2.3649** (-2.213)	-0.9986* (-1.705)
mark	0.2492** (2.035)	0.6357* (1.766)	0.8849** (2.310)	0.0812 (0.541)	3.3129*** (2.662)	3.3941*** (2.769)	0.0182 (0.175)	-0.1050 (-0.342)	-0.0865 (-0.243)
ρ	0.4665*** (8.702)			0.6086*** (9.640)			0.4219*** (5.235)		
theta	16.8973*** (7.321)			15.7897*** (7.177)			14.7537*** (4.484)		
sigma2	0.0401 (1.621)			0.0403 (1.600)			0.0407 (1.591)		
N	270			270			270		
R²	0.2032			0.1900			0.2520		

注：***、**、*分别表示1%、5%、10%的统计水平下显著；括号中数值为t值。

134

距离权重矩阵下，企业科技人才集聚的直接效应回归系数为0.0597，在10%水平下通过了显著性检验；空间溢出效应的回归系数为1.5608，在5%水平下通过了显著性检验。在经济距离权重矩阵下，企业科技人才集聚的直接效应回归系数和空间溢出效应回归系数均未通过显著性检验。这说明企业科技人才集聚水平提升不仅对本地区全要素生产率增长产生了显著的正向影响，同时，企业科技人才集聚效应能够通过知识和技术等空间溢出渠道，对地理位置邻近的周边地区创新活动产生明显的创新空间外溢效应，进而对邻近地区全要素生产率提升产生积极贡献和正向影响。

2. 研究机构科技人才集聚与全要素生产率增长的关系

研究机构科技人才集聚对本地全要素生产率增长促进效应明显；但无论是基于邻接权重矩阵还是地理距离权重矩阵与经济距离权重矩阵下，研究机构科技人才集聚对区域全要素生产率增长的空间溢出效应均不明显。

具体地，结合表6-6可知，在邻接权重矩阵下，研究机构科技人才集聚的直接效应回归系数为0.0371，在1%水平下通过了显著性检验；空间溢出效应的回归系数为0.0174，但未通过显著性检验。在地理距离权重矩阵下，研究机构科技人才集聚的直接效应回归系数为0.0465，在1%水平下通过了显著性检验；空间溢出效应未通过显著性检验。在经济距离权重矩阵下，研究机构科技人才集聚对全要素生产率增长的直接效应回归系数为0.0465，在1%水平下通过了显著性检验；空间溢出效应的回归系数仍然未通过显著性检验。这表明无论采用哪种权重矩阵进行回归，研究机构科技人才集聚对本地区全要素生产率增长均产生了显著的正向影响，但空间溢出效应均不明显。究其原因在于，科研机构作为从事科学研究的重要主体，其科技人才集聚有利于促进研究机构开展科学研究活动，研发新技术、创造新知识，进而有利于集聚地全要素生产率增长，但科研机构最重要的组成部分为国有性质，且大部分科研机构主要集中在北京、上海等少数发达地区，在其他地区则分布较少，导致不同地区科研机构互动合作缺乏，空间溢出效应仍未显现。

3. 高校科技人才集聚与全要素生产率增长的关系

高校科技人才集聚对本地全要素生产率增长促进效应明显；基于邻接

与地理距离权重矩阵回归下，高校科技人才集聚对全要素生产率增长的空间溢出效应不明显；基于经济距离权重矩阵，高校科技人才集聚对全要素生产率增长存在明显的空间溢出效应。

具体地，结合表6-7可知，在邻接权重矩阵下，高校科技人才集聚的直接效应回归系数为0.0667，在1%水平下通过了显著性检验；空间溢出效应的回归系数为-0.0863，未通过显著性检验。在地理距离权重矩阵下，高校科技人才集聚的直接效应回归系数为0.0568，在1%水平下通过了显著性检验；空间溢出效应的回归系数未通过显著性检验。在经济距离权重矩阵下，高校科技人才集聚对全要素生产率增长的直接效应回归系数为0.0935，在1%水平下通过了显著性检验；空间溢出效应的回归系数为0.2204，在5%水平下通过了显著性检验。这说明高校科技人才集聚水平提升不仅对本地区全要素生产率增长产生了显著的正向影响，同时，相比于地理邻近，经济发展水平邻近的地区高校间更可能通过相互交流互动促进知识和技术溢出，对彼此间全要素生产率增长产生空间外溢效应。特别是近年随着中国高等教育不断发展，越来越多高学历人才选择在高校就职，高校科技人才集聚水平明显提升，各地区高校间通过学术会议等形式交流互动频繁，加速了知识信息的专业化与多样化溢出，促进了地区全要素生产率增长。

三、进一步研究：有效市场与有为政府调节效应

我国科技人才资源相对匮乏，在技术创新过程中如何优化区域内不同创新主体间（企业、研究机构与高校）科技人才配置，最大限度地激发各创新主体中科技人才的积极性与能动性，地区市场化水平及政府对不同创新主体的研发支持强度等发挥着重要的调节作用。

企业、研究机构和高校在技术研发、科技成果转化等创新活动中扮演着不同的角色，而这些活动的开展均受到地区市场化水平的影响。对企业而言，完善的市场机制有利于企业及时获取技术创新信息及更好的创新市场和创新服务，降低了企业的创新融资成本，激励了企业内部科技人才的研发行为。而要素市场扭曲及其所激发的虚假创新及寻租活动则可能导致研发活动的不确定性，进而打消企业科技人才从事研发活动的积极性（王文和孙早，2016），不利于全要素生产率增长。同时，在"强政府、小市场"的环境下，人才、资金倾向于选择具有政府背景的国有企业，而在"小政府、大市场"的环境下，则倾向于集聚到优势产业、研发实力和较强成长性的企业。大学和科研机构主要从事基础研究，提供和传播科学发明和突破性技术，不直接面向市场需求，其研究成果在技术商业化时可能存在困难（Hershberg et al.，2007）。公开透明的市场环境有利于建立良好的市场信息披露制度（洪银兴，2014），不同创新主体间的技术实力和以往合作记录往往是明确的，降低了企业、研究机构及高校等创新主体之间搜寻与匹配成本，信息获取逐渐走向对称，容易达成合作意向（王保林和张铭慎，2015），进而有利于提高创新产出及创新成果转化效率，促进全要素生产率增长。

同时，基于区域内企业、研究机构与高校等科技人才从事的创新活动差异，政府可能对各创新主体的研发支持方式与支持力度存在差异。一方面，政府通过研发经费补贴能显著影响企业投资方向，如激励企业加大对技术创新的投入力度，使企业中更多高技能人才从事创新活动；同时，政府补助能够帮助企业将更多资金用于聘用高级研发人才、建立核心竞争力，进而有利于企业绩效提升（Haynes & Hillman，2010）。另一方面，政府可结合各区域创新发展重点领域及创新实践等，拟定区域创新发展规划、配置科研资源（叶祥松和刘敬，2018）。基础研究与共性知识开发等投入规模大、失败风险高而直接经济效益小，面临着较大的资金缺口也需要大量科技人才支撑，政府通过为高校与科研机构等提供必要资金支持与政策项目扶持，鼓励和组织高校、科研机构进行基础研究和共性知识开发，为企业开展研发活动创造知识条件，将直接提高区域创新效率（李政和杨思莹，2019）。因此，增强政府研发支持力度有利于激励各创新主体科技人才开展创新活动，有效促进了区域全要素生产率提升。

但也有学者指出，政府对投入的政策资金缺乏有效的监督机制，将难以充分发挥其优化创新要素配置效率的"有为"作用。如部分研究指出政府研发与企业研发之间同时存在挤出效应（Marino et al.，2016）和互补效应（Liu et al.，2016），政府支持更注重创新主体的社会效益而对其经济效益关注不够，易对企业的创新支持造成负面影响；同时，若政府对投入的研发支持资金使用情况无法把握，可能造成各主体在政府资金的使用和自有资金使用的效率上明显不同（余泳泽，2011）。因此，政府也应关注对各创新主体研发资金支持的合理范围，以提高研发资金的配置效率。

（一）模型构建与变量说明

为探究有效市场与有为政府对区域内各创新主体科技人才集聚与全要素生产率增长关系的非线性调节效应，构建如式（6－4）所示的单一门限面板门槛模型，在具体实证分析中根据检验选择单门槛或多重门槛模型。模型构建如下：

$$TFP_{it} = \alpha_0 + \alpha_1 agg\,\tau_{it} + \alpha_2 M_{it} + \alpha_3 agg\,\tau \times M \times I(M \leq \eta_1) + \alpha_4 agg\,\tau \times M \times I$$
$$(M > \eta_1) + \varphi X_{it} + \varepsilon_{it} \qquad\qquad (6-4)$$

式中，$I(*)$为示性函数，当满足括号内的条件时，该函数取值 1，不满足时取值为 0；α_3、α_4 分别表示当 $M \leq \eta_1$、$M > \eta_1$ 时，门槛变量 M 的调节效应系数；X 为控制变量，其定义与前文一致。其中，门槛变量为市场化水平（mark）与政府研发支持强度（gov），即有效市场变量与前文定义一致，通过一个地区的市场化水平来衡量；有为政府变量重点关注政府对各创新主体的研发支持强度，分别以"工业企业、科研机构与高校 R&D经费支出中来源于政府经费的占比"衡量，以上数据主要来源于历年《中国科技统计年鉴》。

（二）门槛特征检验

根据上述模型，为了确定门槛个数，本节依次在单一门槛、双重门槛和三重门槛假定下，借助 Stata 15.0 软件，采用 Bootstrap 反复抽样法对区域内企业、研究机构与高校三类创新主体间市场化水平与政府研发支持强度变量门槛特征的存在性进行检验（见表 6-8）。结合表 6-8 可知，市场化水平对企业、研究机构和高校依次在 10%、5%、1% 水平下拒绝了线性模型优于单一门槛模型的原假设，即市场化水平对各创新主体的调节效应均存在显著的单一门槛效应，且门槛值均为 0.8208。同理，政府对企业研发支持强度不存在门槛效应；政府对研究机构的研发支持强度存在双重门槛特征，双重门槛检验的 p 值为 0.0260，在 5% 水平下通过了显著性检验，两个门槛值依次为 0.7737 和 0.8080；政府对高校研发支持强度存在双门槛特征，双门槛检验的 p 值为 0.0000，在 1% 水平下通过了显著性检验，两个门槛值依次为 0.6473 和 0.6691。

表 6-8　异质性创新主体间门槛特征自抽样检验

创新主体	门槛变量	门槛数	门槛值	F 值	p 值	临界值			BS 次数
						10%	5%	1%	
企业	市场化水平	单一门槛	0.8208	14.3400	0.0790	13.4427	16.0812	22.9129	1000
		双重门槛	0.7528	5.0200	0.6040	16.5391	20.5855	33.6101	1000
		三重门槛	0.6437	4.9400	0.6200	13.9192	18.1147	26.5262	1000
	政府研发支持	单一门槛	0.0239	8.0000	0.4190	20.4238	26.9093	51.3493	1000
		双重门槛	0.0233	11.9400	0.1850	16.4827	21.3515	43.9429	1000
		三重门槛	0.0186	4.7400	0.5660	14.4614	21.1080	35.1618	1000
研究机构	市场化水平	单一门槛	0.8208	30.2600	0.0160	17.3552	21.8329	32.3555	1000
		双重门槛	0.8262	2.0800	0.9560	12.8686	15.0737	22.0860	1000
		三重门槛	0.6817	10.3100	0.3590	20.4432	26.5825	47.2859	1000
	政府研发支持	单一门槛	0.8080	5.9200	0.5140	18.1114	25.9195	42.9408	1000
		双重门槛	0.7737	51.6600	0.0260	27.3203	39.8575	73.3282	1000
		三重门槛	0.7686	6.7900	0.7500	35.1667	42.2447	60.0247	1000

创新主体	门槛变量	门槛数	门槛值	F 值	p 值	临界值			BS次数
						10%	5%	1%	
高校	市场化水平	单一门槛	0.8208	23.7700	0.0320	16.6675	20.4763	30.7181	1000
		双重门槛	0.7528	8.2100	0.4060	15.8208	19.7982	31.0377	1000
		三重门槛	0.6817	6.0400	0.6030	14.3641	18.1206	25.5479	1000
	政府研发支持	单一门槛	0.6473	31.1900	0.0350	15.6862	22.8656	93.1172	1000
		双重门槛	0.6691	98.1600	0.0000	14.5967	17.6667	27.1265	1000
		三重门槛	0.6731	18.2100	0.1280	19.7133	23.1250	37.3914	1000

注：p 值和临界值是采用 Bootstrap 法反复抽样 1000 次得到。

（三）门槛效应结果分析

基于门槛特征检验，本节通过面板门槛回归模型分析了有效市场与有为政府对异质性主体间科技人才集聚影响全要素生产率增长调节效应的合理区间（见表 6-9）。

表 6-9 异质性创新主体间门槛效应回归结果

变量	市场化水平			变量	政府支持强度		
	企业	研究机构	高校		企业	研究机构	高校
	（1）	（2）	（3）		（4）	（5）	（6）
indus	-1.3793**	-1.2397**	-1.3202**	indus	-1.3949**	-1.2293**	-0.9561***
	(-2.330)	(-2.187)	(-2.295)		(-2.319)	(-2.106)	(-2.857)
fiscal	-1.2957	-1.5700	-1.4781	fiscal	-1.3145	-2.2931	-2.9216***
	(-0.698)	(-0.877)	(-0.812)		(-0.703)	(-1.248)	(-2.755)
fdi	-1.0666	-1.1366	-0.5341	fdi	-0.4902	-0.8423	-1.0201
	(-0.581)	(-0.635)	(-0.295)		(-0.265)	(-0.457)	(-0.958)
post	-0.5625	-0.8072	-0.7099	post	-0.3965	-0.2835	-0.3414
	(-0.487)	(-0.716)	(-0.621)		(-0.342)	(-0.245)	(-0.517)
mark	1.1044*	0.5033	0.8021	mark	1.3550**	1.7946***	0.6759*
	(1.679)	(0.753)	(1.227)		(2.078)	(2.842)	(1.867)

续表

变量	市场化水平			变量	政府支持强度		
	企业	研究机构	高校		企业	研究机构	高校
	（1）	（2）	（3）		（4）	（5）	（6）
区间1	0.0182	0.1724	0.0061	区间1	0.4490**	0.2157	−0.2887***
	（0.101）	（1.006）	（0.034）		（2.451）	（1.037）	（−2.815）
区间2	0.4545**	1.5518***	0.8626***	区间2	0.8408***	1.3783***	0.2247*
	（2.534）	（5.228）	（3.784）		（3.175）	（3.782）	（1.875）
区间3				区间3	0.3074*	0.3032*	−0.1907*
					（1.774）	（1.729）	（−1.830）
Constant	1.1323**	1.3462**	1.3163**	Constant	0.7767	0.6154	1.8750***
	（1.970）	（2.191）	（2.145）		（1.348）	（1.002）	（5.332）
N	270	270	270	N	270	270	270
R²	0.1518	0.2006	0.1772	R²	0.1470	0.1582	0.3369
F	5.9587	8.3529	7.1661	F	4.9974	5.4490	14.7312

注：***、**、*分别表示1%、5%、10%的统计水平下显著；括号中数值为t值。

对于地区市场化水平而言，结合表6-9中列（1）~列（3）可知，当市场化水平位于区间1时（mark＜0.8208），企业、研究机构与高校科技人才集聚对全要素生产率增长的回归系数依次为0.0182、0.1724和0.0611，均未通过显著性检验，表明在市场化水平较低的地区，科技人才集聚对全要素生产率增长影响不明显；而当市场化水平越过门槛值0.8208时，即位于区间2时（mark＞0.8208），企业、研究机构与高校科技人才集聚对全要素生产率增长的回归系数依次为0.4545、1.5518、0.8626，且依次在5%、1%与1%水平下通过了显著性检验，表明各创新主体科技人才集聚对全要素生产率增长的促进效应得益于有效市场的调节作用。综上，市场化水平对企业、研究机构和高校科技人才集聚的生产率效应均存在单一门槛特征，较高市场化水平区间内各创新主体科技人才集聚对全要素生产率增长的促进作用明显，可能的原因在于，市场机制的完善使企业、科研机构和高校等主体在技术研发活动、科技成果转化过程中降低了融资成本，并能及时获取技术创新所需的信息、资源及创新服务等，激励了各主体创新行为发生，有利于促进全要素生产率增长。

结合表6-9中列（5），就政府对研究机构研发支持而言，可根据其门槛特征值将政府研发支持强度的影响区间划分为：区间1（gov < 0.7737）、区间2（0.7737 < gov < 0.8080）与区间3（gov > 0.8080）三个区间，当政府对研究机构研发支持强度位于区间1时（即 gov < 0.7737），科技人才集聚变量的回归系数为0.2157，未通过显著性检验；当位于区间2时（即 0.7737 < gov < 0.0808），科技人才集聚变量的回归系数为1.3783，在1%水平下通过了显著性检验；当位于区间3时（即 gov > 0.0808），科技人才集聚变量的回归系数为0.3032，在10%水平下通过了显著性检验，表明政府对研究机构的研发支持强度存在最佳边界，当政府研发支出强度处于合理范围内时，研究机构科技人才集聚对全要素生产率增长的促进作用最强。

同理，结合表6-9中列（6）可知，就政府对高校研发支持而言，当政府对高校的研发支持强度位于区间1（即 gov < 0.6473）或区间3（gov > 0.6691）时，高校科技人才集聚变量的回归系数依次为 -0.2887、-0.1907，在1%与10%水平下通过了显著性检验；当政府研发支持强度位于区域2时（即 0.6473 < gov < 0.6691），科技人才集聚变量的回归系数为0.2247，在10%水平通过了显著性检验，表明过低或过高的政府研发经费支持，均不利于促进高校科技人才集聚效应的发挥，而政府研发支持强度的合理区间强化了高校科技人才集聚对全要素生产率增长的促进作用。可能的原因在于，研究机构与高校科技人才主要从事基础及应用基础研究且中国绝大多数研究机构与高校研发经费主要来源于政府，过低的研发经费投入会削弱研发人员从事基础科学研究的积极性，不利于全要素生产率提升；而合理区间范围的政府研发支出能够缓解基础研究和共性知识开发等的资金缺口，也可为研发人才提供更好的薪资待遇、创新奖励等，激发其开展研发活动的主动性与积极性，更好地发挥政府"有为"的作用，进而有利于促进全要素生产率增长；但政府过度支持，会导致有限研

发经费资源的浪费，削弱政府支持的正向调节作用。

此外，尽管政府研发支持对企业科技人才集聚影响全要素生产率增长的门槛特征未通过显著性检验，但结合表6-9中列（4）可知，增强政府研发支持强度有利于促进企业科技人才集聚效应的发挥，目前不存在门槛特征的可能原因在于，企业作为技术创新的主体，新技术研发、样品试制、中间试验等各个环节均需要投入大量资金，开发阶段的研究资金短缺尤为突出；而相比于研究机构与高校，企业中政府研发经费的投入强度整体偏低，仍没有达到投入门槛值。同时，国内企业在生产过程中遇到很多技术难题，高校和科研院所又不愿去做或者无力去做，进而导致科技成果转化与市场需求脱节的"两张皮"现象明显（李政和杨思莹，2018），这时充分发挥政府的"有为"作用是相当必要的。

四、本章小结

本章基于2009～2017年中国30个省份面板数据，通过构建面板固定效应模型及空间杜宾模型实证探究了区域内企业、研究机构与高校等异质性创新主体科技人才集聚对全要素生产率增长的影响差异及空间溢出效应，并进一步采用面板门槛模型实证探究了地区市场化水平及政府对不同创新主体的研发支持强度对各创新主体科技人才集聚与全要素生产率增长关系的门槛效应。研究表明：第一，企业、研究机构与高校科技人才集聚均有利于促进全要素生产率增长，且企业科技人才集聚对全要素生产率增长贡献度最高，高校与研究机构次之；企业科技人才集聚对地理邻近地区的空间溢出效应明显，高校科技人才集聚对经济发展水平邻近地区的空间溢出效应明显；而研究机构空间溢出效应不明显；在考虑了变量度量误差及可能的内生性后实证结果依然稳健。第二，在高市场化水平区间内，企业、研究机构与高校等主体科技人才集聚对全要素生产率增长的促进效应明显；政府对研究机构和高校研发支持强度的双门槛特征明显，即政府研发支持的合理区间能有效强化高校、研究机构对全要素生产率增长的促进作用，而企业尚未达到政府研发支持的门槛区间。本章研究结论对优化区域内企业、研究机构与高校等主体间科技人才集聚结构，更好地发挥市场与政府协同配置科技人才资源的作用，提升全要素生产率有重要政策启示。

第七章

科技人才集聚、技术进步路径与全要素生产率增长

自主研发、技术模仿及技术引进等是影响全要素生产率增长的重要途径，而地区科技人才集聚有利于增强其对先进技术的借鉴、吸收能力，激励自主研发活动开展，因此，一个地区应选择何种技术进步路径，科技人才集聚水平可作为重要判断标准。本章系统分析了区域科技人才集聚影响全要素生产率增长的技术进步路径机制，并结合数据可获得性，选取 2009～2017 年中国 30 个省份的面板数据进行实证检验，以期为充分发挥科技人才集聚与不同技术进步路径的协同作用提供政策建议。

一、理论分析与模型构建

（一）理论分析与研究假设

1. 科技人才集聚与技术进步路径

按技术进步的来源，技术进步路径可划分为自主研发和对国内外先进技术的引进及模仿学习（Coe & Helpman，1995；Eaton & Kortum，1996）。科技人才作为知识、技术的载体，具备知识更新与创造能力，地区科技人

才集聚有利于增强其对外部知识溢出、先进技术的借鉴吸收能力。一方面，自主研发活动的开展处于高风险与高收益并行的状态，需要投入大量的人力和资本。科技人才持续积累增加了区域的知识储备，有效保障了技术创新所需的人才数量与质量，对新产品、新技术的持续研发与应用具有强大的推动作用（刘璇和张向前，2015），激发了地区自主研发活动的开展。同时，如果地区科技人才资源等相对集中，也会通过技术外溢效应及创新质量驱动效应等有利于各地区突破现有既定技术约束，在较短时间内实现专业技术突破，拥有自主知识产权，进而实现技术效率与技术进步水平提升；反之，自主研发投入的大量成本就会变为沉没成本，投入产出率下降，不利自主研发能力的提升。

另一方面，科技人才具有较高的知识吸收能力，科技人才集聚水平较高的地区能够通过学习转化对引进的知识、技术加以吸收应用（Acemoglu，1997；Fracasso & Marzetti，2014），有利于对引进技术的消化吸收及模仿创新实现二次创新。适宜性技术进步理论指出，由于人力资本等要素禀赋结构限制，发展中国家往往缺乏对先进技术学习、模仿和吸收的初始能力（Acemoglu & Zilibotti，2001），尤其是知识产品等具有较强的自我累积性，技术模仿创新的效果在很大程度上取决于模仿者的技术能力及生产条件、配套设施等（Cohen & Levinthal，1989）。中国技术进步模式仍主要以"引进—消化吸收—再创新"为主（李蕾蕾等，2018），大多数地区生产率增长主要依靠引进国外先进技术，从发达国家购买技术、设备等（王玺和张勇，2010），而技术引进对后发国家技术水平的提升作用关键在于依靠提升技术吸收学习能力和人力资本水平实现的（孙文杰和沈坤荣，2007）。综上所述，科技人才集聚所带来的独立技术研发以及在科技活动中的"干中学"效应，促进了地区自主研发、技术模仿及技术引进能力的提升。

2. 技术进步路径与全要素生产率增长

技术进步是提升经济增长集约化水平的核心动力（唐未兵等，2014），对处于技术前沿的先发地区，持续的自主研发是促进技术进步的唯一途径，而对处于追赶或跟跑地位的后发地区，除依靠自主研发外，技术引进及模仿作为低成本的技术变迁方式（林毅夫和张鹏飞，2005），也是推进技术水平提升进而促进全要素生产率增长的重要技术进步路径。

当前，中国面临创新质量不高、科技创新成果转化率低及路径依赖难以突破等"创新困境"（黄彦震和侯瑞，2019），而创新驱动高质量发展的关键在于凭借创新要素，将经济发展动力由传统生产要素向人才、技术等创新要素转变（张治河等，2019），特别是以自主研发为主的科技创新已成为促进全要素生产率增长，推动经济高质量发展不可或缺的动力来源（李光龙和范贤贤，2019）。从微观角度看，以新产品、新技术研发为主的自主研发是高技术企业获取竞争优势的原动力，其带来的高成果往往会在质或量上碾压原产品，使得企业在市场竞争中由简单的价格竞争转向以技术为核心的综合竞争。从宏观角度看，技术创新改变了原有的社会资源配置模式，有利于各地区突破现有技术约束，推动科技成果转化为现实生产力，扩大经济生产活动的可能性边界，使社会整体资源配置更加富有效率，进而促进全要素生产率增长（张治河等，2019）。因此，在高质量发展背景下，充分发挥自主研发为主的支撑作用，实现由技术模仿模式向自主创新模式的"换角"有利于我国不受制于国外发达国家的技术制约，实现技术和经济赶超，促进全要素生产率增长（刘志彪，2011；刘宏和乔晓，2019）。

相较而言，部分研究指出技术模仿、技术引进等方式依靠低成本优势可节约大量研发费用、降低投资风险等实现技术追赶（Moser，2013；唐未兵等，2014）。特别是当技术差距较大时，持续地模仿创新能够通过学习借鉴和模仿外来先进技术、制度等提高创新效率和技术进步水平，进而有效促进后发地区的技术升级（Keller，2004；林毅夫和张鹏飞，2005；Sawada，2010）。李光泗和沈坤荣（2011）研究指出自主研发和技术引进均能显著提升技术创新能力，但自主研发对技术创新能力的影响明显远高于技术引进。肖利平和谢丹阳（2016）指出自主创新投入能促进新产品创新增长，而国外技术创新成果等对本土技术创新增长的影响同时存在创新互补效应与替代效应，在人力资本水平较低的地区，国外技术引进对本土创新增长呈现"替代效应"而非"互补效应"。同时，从长期来看，技术模仿与技术引进难免在技术上受制于人，且新技术也并非总能被轻易模仿，进而导致"跟随者"在很多方面都无法与"领跑者"相抗衡。例如，中国制造业企业在全球价值链分工中多承担低附加值的加工及组装生产环节，产品质量、技术水平等长期处于"微笑曲线"底端（唐未兵等，2014）。显然，在技术模仿与技术引进的道路上走得越久越容易形成"路径依赖"与"低端锁定"，进而丧失自主创新动力（胡小娟和董少然，2015；刘宏和乔晓，2019），不利于全要素生产率增长。综上所述，依靠自主研发为主的创新驱动模式有利于促进全要素生产率增长，而技术模仿与技术引进从长远来看不利于全要素生产率增长。

基于上述分析，提出以下研究假说：

假说7.1：科技人才集聚可通过促进地区自主研发，优化地区技术进步路径促进全要素生产率增长。

假说7.2：科技人才集聚有利于促进地区技术模仿，但技术模仿不利于全要素生产率增长。

假说7.3：科技人才集聚有利于促进地区技术引进，但技术引进不利于全要素生产率增长。

（二）模型构建与变量说明

1. 模型构建

基于上述理论分析，参考温忠麟等（2014）的做法，本书通过构建中介效应模型实证检验区域科技人才集聚影响全要素生产率增长的技术进步路径机制。具体地，第一步，检验科技人才集聚对全要素生产率增长的影响；第二步，依次检验科技人才集聚对地区自主研发、技术模仿与技术引进等技术进步路径的影响；第三步，同时加入了科技人才集聚、中介变量（自主研发、技术模仿与技术引进）以检验作用路径的有效性。具体模型如下：

$$TFP_{it} = \beta_0 + \beta_1 agg_{it} + \beta_2 indus_{it} + \beta_3 fiscal_{it} + \beta_4 fdi_{it} + \beta_5 post_{it} + \beta_6 mark_{it} + \mu_i +$$
$$v_t + \varepsilon_{it} \quad\quad\quad (7-1)$$

$$path_{it} = \gamma_0 + \gamma_1 agg_{it} + \gamma_2 indus_{it} + \gamma_3 fiscal_{it} + \gamma_4 fdi_{it} + \gamma_5 post_{it} + \gamma_6 mark_{it} + \mu_i +$$
$$v_t + \varepsilon_{it} \quad\quad\quad (7-2)$$

$$TFP_{it} = \varphi_0 + \varphi_1 agg_{it} + \varphi_2 path_{it} + \varphi_3 indus_{it} + \varphi_4 fiscal_{it} + \varphi_5 fdi_{it} + \varphi_6 post_{it} +$$
$$\varphi_7 mark_{it} + \mu_i + v_t + \varepsilon_{it} \quad\quad\quad (7-3)$$

式中，TFP 表示全要素生产率；agg 表示科技人才集聚；$path$ 表示中介变量，包括自主研发（$indep$）、技术模仿（$imita$）与技术引进（$aquir$）；其他变量同本书第六章定义一致。若模型（7-2）、模型（7-3）中系数 γ_1 与 φ_2 均显著，表明中介变量在促进全要素生产率增长过程中存在中介效应，进一步，若模型（7-3）中系数 φ_1 不显著，表明存在完全中介效应，若系数 φ_1 显著，表明存在部分中介效应。

2. 变量选取与数据说明

（1）被解释变量：全要素生产率（TFP）。通过构建全域 SBM 方向性距离函数，结合 Malmquist - Luenberger 生产率指数对 TFP 进行测算，详细测算指标选取与第六章一致，这里不做重复赘述。

（2）解释变量：科技人才集聚（agg）。采用各地区科技人才集聚区位熵指数衡量，即"某地区 R&D 人员全时当量占该地区全部从业人数的比重与全国 R&D 人员全时当量占全国全部从业人数比重之比"。

（3）中介变量：技术进步路径（path）。参考余泳泽和张先轸（2015）、宋林和郭玉晶（2016）等的研究，将技术进步路径划分为自主研发、技术模仿与技术引进三类。具体地：①自主研发（indep），这是技术进步的最基本方式，依靠自主研发驱动技术进步是创新驱动发展的关键，参考唐未兵等（2014）、宋林和郭玉晶（2016）等的做法，采用"各地区 R&D 内部经费支出与地区 GDP 值"衡量。②技术模仿（imita），以技术消化吸收和技术改造主的技术模仿创新是后发地区技术进步的重要途径（Žigic，2000），采用"各地区规模以上工业企业引进技术消化吸收经费与技术改造经费总支出占 GDP 比值"衡量。③技术引进（aquir），除自主研发与技术模仿外，直接引进发达国家的先进技术是后发地区快速实现技术赶超的重要技术进步路径，采用"各地区国外技术引进合同金额占地区 GDP 比值"衡量，其中，技术引进合同金额涉及汇率换算问题，利用《中国统计年鉴》中的历年人民币年平均汇率进行换算。

（4）控制变量。主要包括产业结构（indus）、政府干预（fiscal）、对外开放程度（fdi）、信息化水平（post）及市场化水平（mark）等，具体测度指标选取与第六章一致，这里不做重复赘述（见表 7 – 1）。

表 7 – 1　变量设定与具体测度指标说明

变量名称	变量符号	变量具体测度指标说明
全要素生产率	TFP	各地区 Malmquist – Luenberger 生产率指数衡量
科技人才集聚	agg	各地区科技人才集聚区位熵指数衡量
自主研发	indep	各地区 R&D 内部经费支出与地区 GDP 比值衡量
技术模仿	imita	各地区规模以上工业企业引进技术消化吸收经费与技术改造经费总支出占 GDP 比值衡量
技术引进	aquir	各地区国外技术引进合同金额占地区 GDP 比值衡量
产业结构	indus	各地区工业产业增加值占 GDP 比值衡量
政府干预	fiscal	各地区政府财政支出占 GDP 比值衡量
对外开放程度	fdi	各地区实际外商投资额占 GDP 比值衡量
信息化水平	post	各地区年末邮电业务总量占 GDP 比值衡量
市场化水平	mark	各地区非国有经济产值、从业人员与固定资产投资占比的加权平均衡量

考虑到《中国科技统计年鉴》中关于技术模仿、技术引进等部分测度指标数据的统计开始于 2009 年，本章选择 2009 ~ 2017 年中国 30 个省份（除西藏）数据作为研究样本。其中，各地区自主研发、技术模仿、技术引进测度指标的相关数据来自历年《中国科技统计年鉴》，其余相关变量数据主要来源于历年《中国科技统计年鉴》、《中国统计年鉴》。

二、实证结果与分析

（一）变量描述性统计

为控制极端值对回归结果的干扰，本章对所有变量进行了上下 1% 的 Winsorize 处理，各变量描述性统计如表 7 - 2 所示。结合表可知，自主研发（indep）、技术模仿（imita）与技术引进（aquir）的最大值、最小值、均值与标准差等均存在明显差异，其中，自主研发均值为 0.0154、技术模仿均值为 0.0069、技术引进均值为 0.0031，即自主研发经费投入占比明显高于技术模仿与技术引进投入占比，表明整体而言中国对自主研发的重视程度和投入力度在不断加大；但相较而言，自主研发的标准差值也是最大的，为 0.0108，表明地区间自主研发投入的离散程度较大，不同地区自主研发经费投入比例存在较大差异。同时，各地区产业结构、政府干预、对外开放程度等存在较大差异，因此，本章将这些因素作为控制变量放入回归模型中。本章采用的数据处理软件为 Stata15.0。

表 7 - 2　各变量描述性统计

变量	样本数	均值	标准差	p25	p50	p75	最小值	最大值
TFP	270	1.0510	0.2460	0.9600	1.0000	1.0490	0.5200	3.8520
agg	270	0.8390	0.4350	0.5170	0.7160	1.0600	0.1990	2.2700
indep	270	0.0154	0.0108	0.0082	0.0122	0.0195	0.0034	0.0601
imita	266	0.0069	0.0047	0.0035	0.0059	0.0087	0.0005	0.0236
aquir	270	0.0031	0.0055	0.0003	0.0011	0.0031	0.0000	0.0455
indus	270	0.3880	0.0841	0.3500	0.4050	0.4510	0.1180	0.5300

变量	样本数	均值	标准差	p25	p50	p75	最小值	最大值
fiscal	270	0.1850	0.0294	0.1640	0.1870	0.2070	0.1060	0.2510
fdi	270	0.0484	0.0419	0.0177	0.0301	0.0713	0.0014	0.1850
post	270	0.0432	0.0232	0.0272	0.0353	0.0519	0.0143	0.1190
mark	270	0.5960	0.1680	0.4360	0.6240	0.7130	0.2330	0.8730

注：p25、p50 和 p75 分别表示 1/4、1/2 和 3/4 分位数。

（二）基准模型结果分析

结合表 7-3 全样本回归结果可知，列（1）中科技人才集聚（agg）对全要素生产率增长具有显著的正向影响，表明区域科技人才集聚水平提升有利于促进全要素生产率增长；列（2）中科技人才集聚（agg）对自主研发（indep）的回归系数为 0.0200，在 1% 水平下通过了显著性检验，表明科技人才集聚有利于促进地区自主研发活动开展；列（3）中同时加入科技人才集聚（agg）、自主研发变量（indep）后，agg 的回归系数为 -0.0593，未通过显著性检验，indep 的回归系数为 9.6214，在 5% 水平下通过了显著性检验，表明科技人才集聚可增强地区自主研发进而促进全要素生产率增长，即科技人才集聚通过自主研发的正向中介效应促进了全要素生产率的增长，验证了假说 7-1。

表 7-3　全样本技术进步路径检验回归结果

变量	(1) TFP	(2) indep	(3) TFP	(4) imita	(5) TFP	(6) aquir	(7) TFP
agg	0.1331 *** (3.163)	0.0200 *** (12.077)	-0.0593 (-0.631)	0.0015 * (1.791)	0.1337 *** (3.172)	0.0025 ** (2.004)	0.1384 *** (3.242)
indep			9.6214 ** (2.124)				
imita					-4.1661 ** (-2.079)		

续表

变量	(1)	(2)	(3)	(4)	(5)	(6)	(7)
	TFP	indep	TFP	imita	TFP	aquir	TFP
aquir							−2.1340
							(−1.295)
indus	−0.7217***	−0.0354***	−0.3815***	0.0179***	−0.7176***	−0.0047	−0.7318***
	(−3.957)	(−5.428)	(−2.859)	(6.208)	(−3.379)	(−0.959)	(−3.977)
fiscal	−0.6003	0.0480***	−1.0620	−0.0039	−0.6880	−0.0230**	−0.6490
	(−0.998)	(3.947)	(−1.421)	(−0.314)	(−1.113)	(−2.268)	(−1.063)
fdi	0.1259	0.0277**	−0.1400	−0.0017	0.1300	0.0660***	0.2670
	(0.154)	(2.455)	(−0.195)	(−0.217)	(0.159)	(4.908)	(0.319)
post	−0.7482	−0.0500***	−0.2670	0.0628***	−0.5000	−0.0294**	−0.8108*
	(−1.640)	(−3.619)	(−0.641)	(3.821)	(−0.996)	(−2.198)	(−1.729)
mark	0.2363**	−0.0197***	0.4259***	−0.0041*	0.2407**	−0.0061***	0.2232**
	(2.491)	(−7.217)	(3.900)	(−1.916)	(2.595)	(−3.594)	(2.313)
Constant	1.2148***	0.0160***	1.0605***	−0.0007	1.2460***	0.0088***	1.2337***
	(7.724)	(5.617)	(9.939)	(−0.358)	(7.422)	(4.045)	(7.631)
地区效应	YES	YES	YES	YES	YES	YES	YES
时间效应	YES	YES	YES	YES	YES	YES	YES
N	270	270	270	270	270	270	270
R^2	0.1358	0.7730	0.1760	0.1790	0.1460	0.3130	0.1370
F	6.1021	47.3100	5.2430	10.1900	6.2370	21.4300	5.2780

注：＊＊＊、＊＊、＊分别表示1%、5%、10%的统计水平下显著；括号中数值为t值。

表7-3中列（4）科技人才集聚（agg）对技术模仿（imita）的回归系数为0.0015，在10%水平下通过了显著性检验，表明科技人才集聚有利于促进地区技术模仿创新能力；列（5）中同时加入科技人才集聚（agg）、技术模仿（imita）变量的回归结果显示：agg的回归系数为0.1337，在1%水平下通过了显著性检验，imita的回归系数为−4.1661，在5%水平下通过了显著性检验，表明科技人才集聚可增强地区的技术模仿能力，但

技术模仿对地区全要素生产率增长存在一定的抑制作用，即科技人才集聚通过技术模仿的负向中介效应抑制了全要素生产率的增长，验证了假说7.2。

表7-3中列（6）科技人才集聚（agg）对技术引进（aquir）的回归系数为0.0025，在5%水平下通过了显著性检验，表明科技人才集聚有利于促进地区技术引进；列（7）中同时加入科技人才集聚（agg）、技术引进（aquir）变量后的结果显示，agg的回归系数为0.1384，在1%水平下通过了显著性检验，aquir的回归系数为-2.1340，未通过显著性检验，表明科技人才集聚对全要素生产率增长影响的技术引进路径在统计上不显著，部分验证了假说7.3。究其原因在于，在中国经济转向高质量发展的新阶段，一味地追求技术模仿、技术引进易造成技术进步的路径依赖（胡小娟和董少然，2015），特别是对于新技术的模仿成本高、难度大，利用技术模仿所能学到的有效技术量大幅减少，因此，技术模仿在一定程度上不仅会造成对全要素生产率增长的贡献不足，而且过多的人才、经费等投入到技术模仿对自主研发产生挤出，抑制了全要素生产率增长。此外，引进技术中有一部分是在发达国家相对落后的甚至已经淘汰的技术，即许多地区很难通过购买的方式获得最适宜的技术。自主创新研发活动能够直接创造和积累知识，优化生产流程和加速产品创新，防止各地区陷入"引进—落后—再引进"的"模仿陷阱"怪圈（刘宏和乔晓，2019），促进全要素生产率增长。

（三）稳健性检验

考虑到区域科技人才集聚与全要素生产率增长可能存在的双向因果关系导致模型估计的内生性，这里在每个估计模型中引入被解释变量的滞后一期作为工具变量，进行系统GMM回归分析，以便在一定程度上缓解内生性对估计结果造成的有偏与非一致性（见表7-4）。

结合表7-4可知，考虑内生性后得到的回归结果基本没有发生变化，各变量回归估计系数的显著性水平及影响方向与基准回归一致。具体地，

表 7 - 4　稳健性检验

变量	(1)	(2)	(3)	(4)	(5)	(6)	(7)
	TFP	indep	TFP	imita	TFP	aquir	TFP
agg	0.1260***	0.0017***	-0.1194*	0.0008**	0.1245***	0.0026***	0.2235***
	(2.681)	(5.170)	(-1.750)	(2.063)	(3.803)	(14.075)	(6.317)
indep			23.3343***				
			(8.380)				
imita					-9.1553**		
					(-2.377)		
aquir							3.2230
							(1.233)
indus	-0.8952***	-0.0065***	-0.4966***	0.0193***	-1.3618***	0.0082***	-1.9212***
	(-7.550)	(-13.491)	(-6.278)	(8.500)	(-15.513)	(8.417)	(-32.591)
fiscal	-3.0718***	0.0230***	-2.2716***	-0.0050	-4.6395***	-0.0063***	-4.2049***
	(-12.552)	(21.812)	(-4.147)	(-1.425)	(-16.680)	(-2.910)	(-18.067)
fdi	0.3550	0.0198***	-0.5599*	0.0304***	0.4730	0.0078***	-0.6000
	(1.391)	(10.642)	(-1.861)	(4.965)	(0.980)	(3.814)	(-1.171)
post	-0.1160	-0.0040***	0.5651***	-0.0217***	-0.8917***	-0.0178***	-0.7232***
	(-0.918)	(-2.818)	(2.682)	(-7.891)	(-7.177)	(-13.785)	(-3.884)
mark	0.4250***	0.0015*	0.3324**	-0.0014	0.6097***	-0.0296***	0.6555***
	(3.434)	(1.938)	(2.001)	(-1.073)	(4.491)	(-31.222)	(5.374)
L. TFP	0.5106***		0.3854***		-0.0107		-0.0020
	(26.999)		(15.751)		(-0.811)		(-0.141)
L. indep		0.8216***					
		(54.124)					
L. imita				0.4031***			
				(7.449)			
L. aquir						0.3579***	
						(80.036)	
Constant	1.0816***	-0.0017***	0.8190***	-0.0040***	2.0300***	0.0158***	2.0130***
	(13.826)	(-3.113)	(6.429)	(-4.679)	(33.207)	(16.558)	(36.295)
N	240	240	240	240	240	240	240
AR (1)	0.0118	0.0294	0.0301	0.0875	0.0423	0.0243	0.0428
AR (2)	0.1471	0.2499	0.1755	0.2597	0.1655	0.1705	0.1404
Sargan	0.7499	0.8150	0.8200	1.0000	0.8443	0.7936	0.8111

注：***、**、*分别表示1%、5%、10%的统计水平下显著；括号中数值为 t 值。

155

列（2）中 agg 的回归系数在 1% 水平下显著为正，列（3）中 agg 的回归系数在 10% 水平下显著为负，indep 的回归系数在 1% 水平下显著为正；列（4）中 agg 的回归系数在 5% 水平下显著为正，列（5）中 agg 的回归系数在 1% 水平下显著为正，imita 的回归系数在 1% 水平下显著为负；列（6）中 agg 的回归系数在 1% 水平下显著为正，列（7）中 agg 的回归系数在 1% 水平下显著为正，aquir 未通过显著性检验。即验证了科技人才集聚可以通过自主研发的正向中介效应促进全要素生产率增长，通过技术模仿的负向中介效应抑制了全要素生产率增长，技术引进路径作用不显著。综上可知，考虑了缓解内生性可能导致的研究结论偏误下，依然可以证实前文基准研究结论的稳健性。

三、异质性区域技术进步路径分析

由于中国各区域发展不平衡，东部地区和中西部地区在技术经济基础、政策支持与人力资本水平等方面存在较大差异，在科技人才政策制定及技术进步路径选择上不能采取"一刀切"的做法。因此，本节进一步分析了东部地区与中西部地区科技人才集聚影响全要素生产率增长的技术进步路径差异性，具体估计结果如表 7-5 与表 7-6 所示。

表 7-5　东部地区技术进步路径回归结果

变量	(1)	(2)	(3)	(4)	(5)	(6)	(7)
	TFP	indep	TFP	imita	TFP	aquir	TFP
agg	0.2434***	0.0153***	-0.1290	0.0013	0.2500***	0.0026*	0.2523***
	(3.013)	(9.928)	(-0.889)	(1.276)	(3.260)	(1.852)	(3.220)
indep			24.3541**				
			(2.209)				

续表

变量	(1)	(2)	(3)	(4)	(5)	(6)	(7)
	TFP	indep	TFP	imita	TFP	aquir	TFP
imita					−8.0130		
					(−0.921)		
aquir							−3.3630
							(−0.652)
indus	−1.0206***	−0.0271***	−0.3600	0.0235***	−1.0578**	−0.0074	−1.0457***
	(−3.198)	(−3.465)	(−1.493)	(6.500)	(−2.120)	(−1.010)	(−3.317)
fiscal	0.0509	0.0243	−0.5400	0.0165**	−0.0451	0.0557***	0.2380
	(0.052)	(1.482)	(−0.657)	(2.099)	(−0.051)	(4.902)	(0.267)
fdi	−3.8662*	0.1656***	−7.9003**	−0.0104	−4.3724**	0.0440**	−3.7183*
	(−1.923)	(6.145)	(−2.233)	(−0.626)	(−2.100)	(2.616)	(−1.741)
post	−0.8414	−0.0506*	0.3900	0.0180	−0.7080	−0.0181	−0.9020
	(−0.855)	(−1.946)	(0.441)	(1.066)	(−0.654)	(−0.844)	(−0.932)
mark	0.5476**	−0.0612***	2.0392**	−0.0062**	0.6085**	−0.0183***	0.4862*
	(2.442)	(−11.000)	(2.588)	(−2.165)	(2.283)	(−4.099)	(1.809)
Constant	1.6386***	0.0244***	1.0443***	0.0000	1.7641***	0.0045	1.6539***
	(4.747)	(4.557)	(5.357)	(−0.006)	(4.606)	(1.415)	(4.867)
地区效应	YES	YES	YES	YES	YES	YES	YES
时间效应	YES	YES	YES	YES	YES	YES	YES
N	99	99	99	99	99	99	99
R^2	0.1419	0.8490	0.2840	0.3840	0.1620	0.4650	0.1440
F	2.9780	88.4900	2.3620	9.5610	3.2040	17.7900	2.6480

注：***、**、*分别表示1%、5%、10%的统计水平下显著；括号中数值为t值。

表7-6 中西部地区技术进步路径回归结果

变量	(1)	(2)	(3)	(4)	(5)	(6)	(7)
	TFP	indep	TFP	imita	TFP	aquir	TFP
agg	0.1168**	0.0182***	−0.0778	0.0033**	0.1289**	−0.0020	0.1215**
	(2.265)	(19.013)	(−0.760)	(2.016)	(2.517)	(−1.200)	(2.308)

续表

变量	（1）	（2）	（3）	（4）	（5）	（6）	（7）
	TFP	indep	TFP	imita	TFP	aquir	TFP
indep			10.6722**				
			(2.313)				
imita					−4.0545**		
					(−2.456)		
aquir							2.3870
							(1.456)
indus	−0.3855**	−0.0131***	−0.2460	0.0056	−0.3542*	−0.0025	−0.3796**
	(−2.188)	(−5.703)	(−1.329)	(1.032)	(−1.948)	(−0.730)	(−2.157)
fiscal	−1.2233*	0.0457***	−1.7109**	0.0351	−1.0800	0.2072***	−1.7179*
	(−1.664)	(3.746)	(−2.156)	(1.332)	(−1.496)	(3.415)	(−1.924)
fdi	0.7740**	0.0267***	0.4890	0.0122	0.8049**	−0.0365***	0.8610**
	(2.198)	(4.537)	(1.337)	(0.790)	(2.214)	(−4.211)	(2.318)
post	−0.3462	−0.0171**	−0.1640	0.0811***	−0.0229	−0.0406**	−0.2490
	(−0.888)	(−2.331)	(−0.420)	(3.778)	(−0.058)	(−2.313)	(−0.597)
mark	0.3118**	−0.0058***	0.3737***	−0.0032	0.3002**	−0.0031	0.3192***
	(2.604)	(−3.652)	(2.841)	(−1.087)	(2.543)	(−1.658)	(2.621)
Constant	0.8347***	0.0028**	0.8052***	−0.0018	0.8273***	0.0089***	0.8135***
	(9.080)	(2.248)	(8.564)	(−0.596)	(8.698)	(3.694)	(8.339)
地区效应	YES	YES	YES	YES	YES	YES	YES
时间效应	YES	YES	YES	YES	YES	YES	YES
N	171	171	171	171	171	171	171
R^2	0.1943	0.7760	0.2190	0.1880	0.2080	0.3930	0.1980
F	3.3410	102.7000	3.1870	5.6220	3.4760	4.6700	2.9000

注：***、**、*分别表示1%、5%、10%的统计水平下显著；括号中数值为t值。

结合表7-5，东部地区样本回归结果显示，列（1）中科技人才集聚对全要素生产率增长有显著促进作用，列（2）中科技人才集聚（agg）对自主研发（indep）的回归系数为0.0153，在1%水平下通过了显著性检验，表明科技人才集聚有利于促进东部地区自主研发；列（3）中科技人才集聚（agg）的回归系数为 -0.1290，未通过显著性检验，自主研发（indep）的回归系数为 24.3541，且在 5% 水平下通过了显著性检验，表明东部地区科技人才集聚可通过增强地区自主研发促进全要素生产率增长，即东部地区科技人才集聚通过自主研发的正向中介效应促进了全要素生产率增长。同理，由表 7-5 中的列（4）与列（5）可知，列（4）中东部地区科技人才集聚（agg）对技术模仿（imita）的回归系数未通过显著性检验；由列（6）与列（7）可知，列（6）中科技人才集聚（agg）对技术引进（aquir）的回归系数为 0.0026，在 10% 水平下通过了显著性检验，列（7）中科技人才集聚（agg）的回归系数为 0.2523，在 1% 水平下通过了显著性检验，但技术引进（aquir）的回归系数未通过显著性检验，表明东部地区科技人才集聚影响全要素生产率增长的技术模仿与技术引进路径在统计上均不显著。总之，东部地区科技人才集聚主要依靠增强本地区自主研发促进全要素生产率增长，究其原因在于，东部地区科技人才集聚水平远高于中西部地区，科技人才集聚加快了东部地区科技人才专业技术知识的交流与分享（杜伟等，2014），保证了新技术、新产品的持续研发与应用，与自主研发路径相匹配。

结合表 7-6，中西地区样本回归结果显示，列（2）中科技人才集聚（agg）对自主研发（indep）的回归系数为 0.0182，在 1% 水平下通过了显著性检验，表明科技人才集聚有利于促进中西部地区自主研发；列（3）科技人才集聚（agg）的回归系数为 -0.0778，未通过显著性检验，自主研发（indep）的回归系数为 10.6722，在 5% 水平下通过了显著性检验，表明中西部地区科技人才集聚可通过增强该地区自主研发促进全要素生产率增长，即中西部地区科技人才集聚通过自主研发的正向中介效应促进了全要素生产率增长。列（4）中科技人才集聚（agg）对技术模仿（imita）的回归系数为 0.0033，在 10% 水平下通过了显著性检验；列（5）中科技人才集聚（agg）的回归系数为 0.1289，在 5% 水平下通过了显著性检验，技术模仿（imita）的回归系数为 -4.0545，在 5% 水平下通过了显著性检验，表明科技人才集聚可提升中西部地区的技术模仿能力，但技术模仿对全要素生产率增长存在一定的抑制作用，即中西部地区科技人才集聚通过技术模仿的负向中介效应抑制了全要素生产率增长。同理，结合列（6）与列（7）回归结果分析可知，中西部地区技术引进路径在统计上不显著。

综上，通过对比分析可知，就自主研发路径的区域差异而言，无论是东部地区还是中西部地区，科技人才集聚均能通过自主研发的正向中介效应促进全要素生产率增长，但对比表 7 - 5 的列（3）与表 7 - 6 的列（3）可知，自主研发的回归系数依次为 24. 3541 与 10. 6722，不难发现，自主研发对东部地区全要素生产率增长的促进作用远大于对中西部地区全要素生产率增长的促进作用。

就技术模仿路径的区域差异而言，东部地区技术模仿路径不存在中介效应，而中西部地区科技人才集聚通过技术模仿的负向中介效应抑制了中西部地区全要素生产率增长。主要原因在于，东部和中西部地区处在不同的经济发展阶段，东部地区的经济基础相对较好、自身具备较好的技术基础和创新能力，能够依赖科技人才开展自主创新推进全要素生产率增长。相较而言，中西部地区科技基础薄弱、缺乏率先创新的技术源，且西部地区科技人才集聚水平普遍偏低，不但难以享受人才集聚带来的发展红利，而且西部地区企业留存较少，无论是科技人才数量还是科技人才质量都无法长久支撑核心技术的研发、升级等。而由于技术模仿创新的投资少、风险小、见效快，中西部地区更倾向于选择引进、模仿、创新、再引进、再模仿、再创新，长此以往，导致西部地区缺乏技术创新的动力和实力，使得这些地区形成路径依赖，陷入路径锁定的怪圈，在一定程度上抑制了全要素生产率增长。

就技术引进路径而言，无论是东部还是中西部地区均不存在中介效应，东部地区的科技人才集聚能在一定程度上促进技术引进，但技术引进并非科技人才集聚促进全要素生产率增长的路径，而西部地区科技人才集聚对技术引进的影响不显著。

四、异质性主体技术进步路径分析

　　企业、研究机构与高校是从事科学技术研发与创新的微观主体，各创新主体间的科技人才从事的创新活动有所差异，基于创新主体异质性考虑，本节进一步分析了企业、研究机构与高校科技人才集聚影响全要素生产率增长的技术进步路径差异性，具体回归估计结果如表 7－7～表 7－9 所示。

表 7－7　企业技术进步路径检验回归结果

变量	（1）	（2）	（3）	（4）	（5）	（6）	（7）
	TFP	indep	TFP	imita	TFP	aquir	TFP
aggq	0.0793 **	0.0100 ***	0.0008	0.0018 **	0.0838 **	0.0003	0.0685 *
	(2.035)	(7.026)	(0.017)	(2.300)	(2.120)	(1.235)	(1.668)
indep			7.8585 ***				
			(2.824)				
imita					－4.0126 *		
					（－1.944）		
aquir							14.8700
							(0.980)
indus	－0.7659 ***	－0.0382 ***	－0.4657 ***	0.0155 ***	－0.7850 ***	0.0012	－0.8722 ***
	（－4.078）	（－3.957）	（－3.684）	(4.882)	（－3.679）	(0.973)	（－3.986）
fiscal	－0.3739	0.0900 ***	－1.0810	－0.0052	－0.4850	－0.0085 *	－0.3890
	（－0.652）	(4.145)	（－1.480）	（－0.447）	（－0.818）	（－1.923）	（－0.706）
fdi	0.5256	0.0967 ***	－0.2340	－0.0017	0.5060	0.0155 ***	0.3200
	(0.619)	(6.904)	（－0.347）	（－0.233）	(0.596)	(4.649)	(0.442)
post	－0.9920 **	－0.0888 ***	－0.2940	0.0612 ***	－0.7470	0.0039	－0.9939 **
	（－2.095）	（－4.197）	（－0.711）	(3.734)	（－1.438）	(1.396)	（－2.081）

变量	（1）	（2）	（3）	（4）	（5）	（6）	（7）
	TFP	indep	TFP	imita	TFP	aquir	TFP
mark	0.1605	−0.0295 ***	0.3920 ***	−0.0058 ***	0.1640	−0.0014 ***	0.2162 **
	(1.600)	(−6.125)	(3.624)	(−2.669)	(1.649)	(−2.817)	(2.139)
Constant	1.2768 ***	0.0226 ***	1.0993 ***	0.0013	1.3196 ***	0.0019 *	1.2941 ***
	(7.897)	(5.604)	(9.414)	(0.550)	(7.734)	(1.789)	(8.121)
地区效应	YES	YES	YES	YES	YES	YES	YES
时间效应	YES	YES	YES	YES	YES	YES	YES
N	270	270	270	270	270	270	270
R^2	0.1189	0.5370	0.1740	0.1850	0.1300	0.2120	0.1310
F	5.6904	31.9100	5.2640	10.8600	5.8710	12.5900	4.6870

注：*** 、** 、* 分别表示 1%、5%、10% 的统计水平下显著；括号中数值为 t 值。

结合表 7－7 可知，列（1）中企业科技人才集聚（aggq）对全要素生产率增长具有显著促进作用；列（2）中企业科技人才集聚（aggq）对自主研发（indep）的回归系数为 0.0100，在 1% 水平下通过了显著性检验，表明企业科技人才集聚有利于促进地区自主研发活动开展；列（3）中 aggq 的回归系数为 0.0008，未通过显著性检验，indep 的回归系数为 7.8585，在 1% 水平下通过了显著性检验，表明企业科技人才集聚可通过增强地区自主研发促进全要素生产率增长，即企业科技人才集聚通过自主研发的正向中介效应促进了全要素生产率增长。

表 7－7 中列（4）企业科技人才集聚（aggq）对技术模仿（imita）的回归系数为 0.0018，在 5% 水平下通过了显著性检验，列（5）中 aggq 的回归系数为 0.0838，在 5% 水平下通过了显著性检验，imita 的回归系数为 −4.0126，在 10% 水平下通过了显著性检验，表明企业科技人才集聚可增强地区的技术模仿能力，但技术模仿对地区全要素生产率增长存在一定的抑制作用，即企业科技人才集聚通过技术模仿的负向中介效应抑制了全要素生产率增长。同理，结合列（6）与列（7）可知，企业科技人才集聚（aggq）对技术引进（aquir）的回归系数为 0.0003，未通

过显著性检验，表明企业科技人才集聚影响全要素生产率增长的技术引进路径在统计上不显著。

结合表 7-8 可知，列（1）中研究机构人才集聚（aggy）对全要素生产率增长具有显著促进作用；列（2）中研究机构科技人才集聚（aggy）对自主研发（indep）的回归系数为 0.0081，在 1% 水平下通过了显著性检验，表明研究机构科技人才集聚有利于促进地区自主研发活动开展；列（3）中 aggy 的回归系数为 -0.0800，未通过显著性检验，indep 的回归系数为 14.8724，在 5% 水平下通过了显著性检验，表明研究机构科技人才集聚可通过增强地区自主研发促进全要素生产率增长，即研究机构科技人才集聚通过自主研发的正向中介效应促进了全要素生产率增长。

表 7-8 研究机构技术进步路径检验回归结果

变量	（1）	（2）	（3）	（4）	（5）	（6）	（7）
	TFP	indep	TFP	imita	TFP	aquir	TFP
aggy	0.0406 ***	0.0081 ***	-0.0800	-0.0001	0.0384 ***	0.0001 **	0.0355 **
	(2.801)	(22.537)	(-1.572)	(-0.379)	(2.654)	(2.211)	(2.384)
indep			14.8724 **				
			(2.413)				
imita					-3.0030		
					(-1.535)		
aquir							14.1400
							(0.986)
indus	-0.4901 ***	0.0053	-0.5693 ***	0.0186 ***	-0.5157 **	0.0021 *	-0.6253 ***
	(-2.939)	(1.022)	(-3.473)	(5.824)	(-2.524)	(1.897)	(-2.907)
fiscal	-0.4314	0.0542 ***	-1.2370	0.0031	-0.5030	-0.0085 **	-0.4310
	(-0.752)	(5.654)	(-1.481)	(0.255)	(-0.845)	(-2.260)	(-0.793)
fdi	0.4762	0.0596 ***	-0.4100	0.0078	0.5010	0.0155 ***	0.2880
	(0.570)	(6.931)	(-0.764)	(1.065)	(0.605)	(5.788)	(0.410)

续表

变量	(1)	(2)	(3)	(4)	(5)	(6)	(7)
	TFP	indep	TFP	imita	TFP	aquir	TFP
post	−0.7378	−0.0314***	−0.2710	0.0582***	−0.5810	0.0046*	−0.7680
	(−1.546)	(−2.604)	(−0.670)	(3.506)	(−1.122)	(1.692)	(−1.559)
mark	0.3829***	0.0100***	0.2343*	−0.0046	0.3859***	−0.0007	0.4075***
	(3.614)	(4.901)	(1.781)	(−1.633)	(3.720)	(−1.347)	(3.869)
Constant	1.0608***	−0.0121***	1.2412***	−0.0010	1.0989***	0.0012	1.1024***
	(6.903)	(−4.432)	(6.000)	(−0.451)	(6.578)	(1.253)	(6.887)
地区效应	YES	YES	YES	YES	YES	YES	YES
时间效应	YES	YES	YES	YES	YES	YES	YES
N	270	270	270	270	270	270	270
R^2	0.1270	0.8400	0.1950	0.1700	0.1350	0.2140	0.1370
F	6.1065	249.2000	5.1780	10.1300	5.9650	12.9500	4.9400

注：***、**、*分别表示1%、5%、10%的统计水平下显著；括号中数值为t值。

表7-8中列（4）研究机构科技人才集聚（aggy）对技术模仿（imita）的回归系数为−0.0001，未通过显著性检验，表明技术模仿并非研究机构科技人才集聚影响全要素生产率增长的路径。列（6）中研究机构科技人才集聚（aggy）对技术引进（aquir）的回归系数为0.0001，在5%水平下通过了显著性检验；列（7）中aggy的回归系数为0.0355，且在5%水平下通过了显著性检验，aquir的回归系数为14.1400，未通过显著性检验，表明技术引进并非研究机构科技人才集聚影响全要素生产率增长的路径。

结合表7-9可知，列（1）中高校科技人才集聚（aggg）对全要素生产率增长具有显著促进作用；列（2）中高校科技人才集聚（aggg）对自主研发（indep）的回归系数为0.0095，在1%水平下通过了显著性检验，表明高校科技人才集聚有利于促进地区自主研发活动开展；列（3）中高校科技人才集聚（aggg）的回归系数为−0.0168，未通过显著性检验，自主研发（indep）的回归系数为 8.4270，且在 1% 水平下显著，表明高校科技人才集聚可通过增强地区自主研发促进全要素生产率增长，即高校科技人才集聚通过自主研发的正向中介效应促进了全要素生产率增长。

表 7-9　高校技术进步路径检验回归结果

变量	(1) TFP	(2) indep	(3) TFP	(4) imita	(5) TFP	(6) aquir	(7) TFP
aggg	0.0634*** (2.640)	0.0095*** (6.851)	-0.0168 (-0.692)	0.0010* (1.875)	0.0622*** (2.651)	0.0003** (2.102)	0.0502** (2.205)
indep			8.4270*** (3.078)				
imita					-3.9238** (-2.087)		
aquir							14.0200 (0.991)
indus	-0.6023*** (-3.418)	-0.0174** (-2.232)	-0.4554*** (-3.466)	0.0194*** (6.746)	-0.6017*** (-2.887)	0.0018* (1.822)	-0.7220*** (-3.326)
fiscal	0.0528 (0.096)	0.1461*** (7.705)	-1.1780 (-1.421)	0.0040 (0.382)	-0.0260 (-0.045)	-0.0067* (-1.726)	0.0004 (0.001)
fdi	0.5477 (0.715)	0.0911*** (7.478)	-0.2200 (-0.350)	0.0012 (0.158)	0.5630 (0.734)	0.0152*** (5.785)	0.3830 (0.585)
post	-0.6734 (-1.495)	-0.0388* (-1.941)	-0.3460 (-0.820)	0.0657*** (3.873)	-0.4500 (-0.935)	0.0054* (1.879)	-0.7450 (-1.572)
mark	0.2968*** (3.193)	-0.0106*** (-3.490)	0.3863*** (4.162)	-0.0031 (-1.291)	0.3016*** (3.270)	-0.0009 (-1.566)	0.3261*** (3.448)
Constant	1.0343*** (7.365)	-0.0111** (-2.529)	1.1275*** (7.431)	-0.0035 (-1.471)	1.0653*** (6.845)	0.0008 (0.894)	1.0860*** (7.045)
地区效应	YES	YES	YES	YES	YES	YES	YES
时间效应	YES	YES	YES	YES	YES	YES	YES
N	270	270	270	270	270	270	270
R²	0.1229	0.6210	0.1740	0.1800	0.1320	0.2180	0.1320
F	5.7997	63.3200	5.1250	10.3200	6.0220	13.5000	4.6370

注：***、**、*分别表示 1%、5%、10% 的统计水平下显著；括号中数值为 t 值。

表 7-9 中列（4）高校科技人才集聚（aggg）对技术模仿（imita）的回归系数为 0.0010，在 10% 水平下通过了显著性检验，表明高校科技人才集聚有利于促进地区技术模仿能力提升；列（5）中 aggg 的回归系数为 0.0622，在 1% 水平下通过了显著性检验，imita 的回归系数为 -3.9238，在 5% 水平下通过了显著性检验，表明高校科技人才集聚可提升地区技术模仿能力，但技术模仿对全要素生产率增长存在一定的抑制作用。

表 7-9 中列（6）高校科技人才集聚（aggg）对技术引进（aquir）的回归系数为 0.0003，在 5% 水平下通过了显著性检验；列（7）中 aggg 的回归系数为 0.0502，在 5% 水平下通过了显著性检验，aquir 的回归系数为 14.0200，未通过显著性检验，表明技术引进并非高校科技人才集聚影响全要素生产率增长的路径。

五、本章小结

本章基于 2009~2017 年中国 30 个省份面板数据，通过构建中介效应模型实证探究了科技人才集聚影响全要素生产率增长的技术进步路径机制。研究表明：第一，整体上，科技人才集聚可通过增强地区自主研发促进全要素生产率增长；科技人才集聚通过技术模仿的负向中介效应抑制了全要素生产率增长；技术引进路径在统计上不显著；在考虑了可能的内生性后实证结果依然稳健。第二，区域异质性研究表明，无论是东部地区还是中西部地区，科技人才集聚均可通过自主研发的正向中介效应促进全要素生产率增长，且对东部地区的促进作用远大于中西部地区；东部地区技术模仿路径在统计上不显著，而中西部地区科技人才集聚通过技术模仿的负向中介效应抑制了全要素生产率增长。第三，创新主体异质性研究表明，企业、研究机构与高校科技人才集聚均能通过自主研发的正向中介效应促进全要素生产率增长；企业与高校科技人才集聚促进了技术模仿，但技术模仿的负向中介效应抑制了全要素生产率增长，研究机构技术模仿路径不显著；企业、研究机构与高校科技人才集聚的技术引进路径均在统计上不显著。本章研究结论对深入分析科技人才集聚影响全要素生产率增长的技术进步路径，进而寻求多样化的技术进步路径提供了启示与政策借鉴。

第八章
研究结论、建议与展望

　　本书围绕科技人才集聚影响全要素生产率增长的理论机制与实证检验展开系统论证，以期为优化区域科技人才资源配置，促进全要素生产率增长提供科学指导与政策建议。本章在梳理前文研究基础上，首先，对研究结论进行系统归纳总结；其次，基于研究结论，结合中国创新发展实践，就高质量发展下科技人才集聚如何有效促进全要素生产率增长提出了相应政策建议；最后，指出可能存在的不足与进一步研究展望。

一、研究结论

　　如何优化区域科技人才资源配置，促进全要素生产率增长是实现经济高质量发展亟待解决的关键问题。本书基于 2005～2017 年中国 285 个城市与 30 个省份面板数据，系统地阐释了科技人才集聚影响全要素生产率增长的理论机制，分析了二者的时空演化特征，揭示了区域异质性与创新主体异质性视角下科技人才集聚对全要素生产率增长的影响效应及有效市场与有为政府对二者关系的调节机制，剖析了科技人才集聚影响全要素生产率增长的技术进步路径。最后，对研究结论进行了系统总结与归纳，并提出相应的对策建议。

具体地，主要研究结论如下：

（一）区域科技人才集聚与全要素生产率增长呈现明显的空间差异特征，但就二者的时空关系而言，具有较强的一致性，即科技人才空间集聚特征明显的地区，其相应的全要素生产率增长趋势也相对较为稳定

第一，基于区位熵指数测度发现，2005～2017年东部和部分内陆经济发达省份科技人才集聚水平偏高，而中西部经济发展相对落后的省份科技人才集聚水平偏低；高集聚水平城市空间上呈现"点状"分布特征；处于中高集聚水平以上的城市多集中于各省会城市或局域中心城市。同时，借助马尔科夫链发现，邻域科技人才集聚水平对本地区科技人才集聚的趋同演化有一定影响，在不同邻域背景下，科技人才集聚水平趋同转变的概率不同。第二，基于 Malmquist - Luenberger 生产率指数测度发现，2005～2017年全要素生产率总体呈现波动上升趋势，全要素生产率得到明显改善；各地区整体呈现东部地区全要素生产率增速明显高于中部地区和西部地区的特点，且全要素生产率增长核心区域集中在京津冀、长三角与珠三角城市群范围内，并呈现以各省会城市与局部中心城市为主的多中心辐射范围逐渐扩大趋势。

（二）中国大部分地区科技人才集聚规模水平尚处于集聚效应占主导的阶段，区域科技人才集聚水平提升可有效促进全要素生产率增长；但不同地理区位、行政等级及经济发展水平类型的城市科技人才集聚对全要素生产率增长的影响效应差异明显

第一，通过构建面板固定效应及空间杜宾模型实证研究发现，区域科技人才集聚与全要素生产率增长存在倒U形关系，但绝大多数地区仍处于

169

倒 U 形曲线左半边，即处于集聚效应占主导的阶段，且科技人才集聚对全要素生产率增长影响的空间溢出效应明显，表现为地理距离邻近地区溢出影响更大。第二，不同类型城市科技人才集聚对全要素生产率增长影响差异明显：省会城市及一、二线城市等具有明显优势特征的城市目前尚未出现拐点值，科技人才集聚能有效促进全要素生产率增长；非省会城市、三线及以下城市等低经济发展水平城市二者关系呈现倒 U 形，而西部地区城市的科技人才集聚效应仍未显现。第三，进一步采用面板门槛模型研究发现，高市场化水平区间，区域科技人才集聚对全要素生产率增长的促进效应明显增强；而当政府研发支持只有在超过 0.0105 时，才能有效增强区域科技人才集聚对全要素生产率增长的促进作用。

（三）区域内企业、研究机构与高校等异质性创新主体科技人才集聚对全要素生产率增长的贡献度差异明显，较高的市场化水平与适度的政府研发支持有利于发挥各创新主体科技人才集聚对全要素生产率增长的促进作用

第一，通过构建面板固定效应及空间杜宾模型实证研究发现，企业、研究机构与高校科技人才集聚均有利于促进全要素生产率增长，且企业科技人才集聚对全要素生产率增长贡献度最高，高校与研究机构次之；企业和高校科技人才集聚对全要素生产率增长影响的空间溢出效应明显，而研究机构的空间溢出效应不明显。第二，进一步采用面板门槛模型研究发现，当地区市场化水平高于 0.8208 时，企业、研究机构与高校创新主体的科技人才集聚对全要素生产率增长的促进效应明显增强；政府对研究机构和高校研发支持强度的双门槛特征明显，即政府研发支持的合理区间能有效强化高校、研究机构对全要素生产率增长的促进作用，而企业尚未达到政府研发支持的门槛区间。

（四）科技人才集聚可通过增强地区自主研发促进全要素生产率增长；科技人才集聚可增强地区技术模仿能力，但技术模仿不利于全要素生产率增长；技术引进路径不显著；但不同地区与不同创新主体技术进步路径存在明显差异

通过构建中介效应模型实证研究发现：第一，全样本研究表明，科技人才集聚可通过提升地区自主研发能力促进全要素生产率增长；科技人才集聚可增强地区的技术模仿能力，但技术模仿对地区全要素生产率增长存在抑制作用；技术引进路径在统计上不显著。第二，区域异质性研究表明，无论是东部还是中西部地区，科技人才集聚均可通过增强地区自主研发促进全要素生产率增长，且对东部地区的促进作用远大于中西部地区；东部地区技术模仿路径在统计上不显著，而中西部地区科技人才集聚可增强地区技术模仿能力，但技术模仿不利于全要素生产率增长。第三，创新主体异质性研究表明，企业、研究机构与高校科技人才集聚均能通过增强自主研发促进全要素生产率增长；企业与高校科技人才集聚可增强其技术模仿能力，但技术模仿不利于全要素生产率增长，研究机构技术模仿路径不显著；企业、研究机构与高校科技人才集聚的技术引进路径均不显著。

二、政策建议

基于前文理论分析与实证研究结论，结合中国实际情况，以优化区域科技人才资源配置、充分发挥科技人才集聚红利为出发点，以促进全要素生产率增长及推进经济高质量发展为目的，本书提出以下对策建议：

（一）完善科技人才集聚空间治理机制，共建人才交流与共享平台

1. 增强中心城市、城市群等科技人才承载能力，打造局域辐射中心，以辐射带动总体经济效率提升

一方面，鼓励科技人才向经济发展条件较好、创新基础设施较完善的优势区域集聚。原因在于，科技人才集聚于此能够通过共享创新基础设施、专业化的知识产权保护及技术信息服务等最大限度地发挥其价值创造优势，形成以中心城市、城市群等为主的增长动力源，进而可通过空间邻近溢出将新生创新资源及相关产业配置在周边地区，促进总体经济效率提高。另一方面，要充分认识科技人才集聚的区域差异，通过实施差异化聚才策略完善科技人才集聚空间治理。对于高集聚水平地区重点关注科技人才集聚结构优化以效率提高为主，如像北京、上海等部分特大城市要结合自身资源条件、功能定位等优化科技人才集聚规模；而低集聚水平地区应以科技人才集聚规模扩大为导向，加强实施积极的人才引进政策。

2. 加强地区间人才合作，共建科技人才交流与共享平台

一方面，鼓励科技人才高集聚水平地区通过"柔性"政策与外围区共享科技人才，如采取人才派遣、客座教授、校企合作等柔性方式，定期或不定期安排优秀人才去往科技人才短缺地区任职，为这些地区引进"周末技师"、"候鸟专家"等帮助其解决技术难题，以有效缓解人才缺乏等困境。另一方面，科技人才低集聚水平地区应积极探索"反向飞地"育才模式，加强同国内技术发达省份及国外创新机构的人才交流合作，通过跨地区合作实现人才需求与供给有效对接。例如，在中心城市设立"孵化飞地"、"研发飞地"，以项目联合共建、人才联合培养等形式开展深度对接，实现"研发在外，生产在内"的合作模式。

（二）优化区域内科技人才集聚结构，培育产学研协同模式

1. 引导科技人才向企业集聚，优化不同创新主体间人才集聚结构

中国多数研发机构、高校等拥有充足的科技人才与资金开展 R&D 活

动，但其缺陷是未能实现与市场有效对接，而企业作为技术创新的主体，其中的科技人才数量和质量不能满足其创新发展的需要，多数企业在全球产业分工中处于低附加值产品生产加工环节。因此，以市场需求为导向，鼓励并引导科技人才向企业集聚，既能为企业攻克技术难题、建立独立的研发机构提供有力的支撑，也有利于保证技术研发紧随市场需求，不与市场脱轨（刘宏和乔晓，2019），进而对企业生产效率及经济价值创造产生影响，促进全要素生产率增长。

2. 积极搭建科技人才协同创新平台，培育产学研合作模式以提高创新效率促进成果转化

企业、研究机构与高校中的科技人才从事的创新活动有所差异，培育产学研协同合作模式有利于联动各主体优势资源，将企业、科研机构与高校的科技人才、资本等科研资源有效整合，在发挥各自优势的基础上形成综合效应，同时，可促进科研机构和高校科技人才结合市场需求去创新、分担研发风险，进而促进全要素生产率增长。例如，建立依托研究机构、大学科技园等创新平台形成创新合力，集聚科技人才共同进行试验开发与科技成果转化，促进科研机构和高校创造更多原始创新成果，推进企业实现生产过程中的技术突破与创新成果转化，促进全要素生产率增长。

（三）发挥有效市场与有为政府功能，提高要素配置效率

1. 发挥有效市场对科技人才的配置作用，优化科技人才配置效率

一方面，健全科技人才集聚与流动市场体系，充分发挥市场在创新资源配置中的决定性作用，促进科技人才市场化竞争，实现科技人才自由流动并向优势地区、优势领域集聚，提高人才资源配置效率。另一方面，积极完善市场服务功能，如通过发展完善人才中介服务，破除科技人才流动障碍，进而探索建立市场化引才长效机制。同时，政府应做好政策规划、环境营造及市场监管等工作，积极发挥政府适度干预的补充作用，以有效降低市场失灵可能导致的效率损失。

2. 把控研发资金投资导向，提升政府研发资金配置效率

不同类型创新主体从事的创新活动差异明显，政府应遵循"有所为，

有所不为"的原则，优化研发资金配置效率。一是政府研发资金应逐步退出应用性和竞争性较强的技术创新领域，侧重支持高校及科研机构科技人才从事基础科学研究、共性技术研究等；二是应依据不同创新主体设置合理的 R&D 补贴区间，防止出现长期高额补贴造成的研发资金浪费。例如，针对目标企业设计动态补贴调整机制，适时对其利用补贴的效果进行科学评估和审核，以确保其所获取补贴额度与实际需求相一致（叶祥松和刘敬，2018；焦翠红和陈钰芬，2018）。

3. 政府应在营造有利于科技人才集聚的优良创新生态建设方面更加"有为"

一方面，要优化区域科技人才集聚的政策环境，探索建立有利于科技人才发展的专项基金和创业扶持基金制度，同时解决好住房资金补贴、人才引进落户及子女就学等社会保障性问题；另一方面，要完善信息网络基础设施建设，申报建设和引进国家重点实验室、工程技术研究中心以及创新创业载体等，推动创新平台建设，形成待遇引才与事业引才相结合的良好氛围。

（四）强化科技人才集聚与技术进步路径相适配，提升自主研发能力

1. 厘清不同地区科技人才积累现状与经济发展阶段，科学地选择技术进步路径以促进全要素生产率增长

对于科技人才集聚水平高、技术能力积累充分的地区，"适度超前"的技术选择将是政策选择，如东部地区部分省份在发展过程中应依靠较高的科技人才积累进行自主研发创新，增强自身独立研发能力，避免技术引进依赖及重复研发导致的资源浪费，进而建立以高层次要素与自主研发驱动为主的全要素生产率增长模式。而对于科技人才集聚水平低、技术能力不足的省份，技术选择应遵循要素禀赋现状，不断提升地区科技人才集聚规模以促进地区创新发展。

2. 结合区域内企业、研究机构与高校等创新主体在知识创造、产品研发中地位与作用增强其自主研发能力

中国自主创新能力虽有所提升，但在部分高端产品和关键核心技术领域仍受制于人，关键核心技术研发具有高投入、长周期及知识复杂性高等特征，不易在短期内实现模仿与赶超。因此，一方面，应鼓励企业与研究机构等以科技人才集聚优势为支撑，通过创新合作集中力量攻克关键领域核心技术研发，增强其自主研发能力；另一方面，应充分了解地方所属高校的学科研究前沿，对优势学科加大领军人才、科研团队的引进力度，积极培育具有地方优势和潜力的重要科学研究领域，增强其自主研发能力。

三、研究局限与展望

本书围绕区域科技人才集聚影响全要素生产率增长的理论机制与实证检验展开研究，系统地探究了科技人才集聚对全要素生产率增长影响的理论机制、时空特征、影响效应及其传导路径机制等问题，得出了诸多有益结论，拓展与丰富了现有研究成果。然而，限于研究能力、相关理论素养以及数据可获得性等诸多方面的限制，导致本书在理论构建和实证分析中仍存在一些不足之处有待于在今后研究中继续充实与完善。具体如下：

第一，关于研究样本数据选择方面。由于数据获取难度限制，本书实证分析过程中同时选择了地市级与省级样本数据展开，一方面，为了更加深入地揭示科技人才集聚对全要素生产率增长的影响效应及区域异质性，将研究下沉到城市层面，但囿于城市尺度的部分指标统计不全面，尤其是各地级市创新方面的相关数据指标在《中国城市统计年鉴》及相关数据库中均统计不完善。因此，在测度各地级市科技人才集聚水平时，参考相关学者的研究采用"各地市科技服务人员从业人数"这项指标近似替代。另一方面，在

实证分析异质性创新主体科技人才集聚对全要素生产率增长的影响效应及技术进步路径机制检验时，考虑到关于中国各地区 R&D 人员全时当量按不同执行部门（企业、研发机构和高校）统计及关于技术模仿、技术引进等技术进步路径相应测度指标数据仅能在《中国科技统计年鉴》获取省际层面面板数据，因此，第六章与第七章选取了省级面板数据进行实证检验。

第二，关于区域科技人才集聚对全要素生产率增长影响关系的宏观调节因素挖掘存在不足。基于现有文献的梳理，重点考虑了市场机制和政府干预作为两种配置资源方式，对科技人才集聚与全要素生产率增长二者关系的非线性调节效应，但在具体分析政府干预的调节效应时，限于数据获取难度，仅关注了政府研发支持对二者关系的调节效应，对政府的各类人才政策支持等方面关注不足。同时，对经济发展水平、信息化水平及地区科技创新环境等其他方面的调节因素也关注较少。

第三，关于区域科技人才集聚影响全要素生产率增长路径机制的探究仍有待进一步深入。本书力图探讨科技人才集聚通过技术创新促进全要素生产率增长这一渠道机制，并基于对现有文献的梳理与归纳，从自主研发、技术模仿及技术引进三条技术进步路径揭示科技人才集聚影响全要素生产率增长的技术进步路径机制。然而，理论上区域科技人才集聚可通过多种渠道作用于全要素生产率增长，囿于研究积累，尚未对高质量发展下区域科技人才集聚影响全要素生产率增长的其他路径机制进行梳理与分析。在未来研究中，会继续关注相关方面的探究，完善相关路径机制的研究。

总之，高质量发展下科技人才集聚对全要素生产率增长的影响是一个复杂的系统问题，学术界研究尚未形成完整的理论体系，针对不同的研究层次和研究目标，仍存在诸多问题值得深入探究。例如，科技人才集聚是否会加剧区域创新资源的错配，以及欠发达地区如何突破科技人才集聚陷阱，促进全要素生产率提升？科技人才集聚与产业集聚的协同耦合机制如何？新型基础设施发展（如高铁开通、数字基础设施等）对科技人才集聚是促进还是减缓？可见，本书仅起到了抛砖引玉的作用，在后续研究过程中仍需进一步进行更为深入和细致的探究。

参考文献

［1］Krugman, P.. The Myth of Asia's Miracle ［J］. Foreign Affairs, 1994, 73（6）：62 - 78.

［2］Young, A.. The Razor's Edge：Distortions and Incremental Reform in the People's Republic of China ［J］. The Quarterly Journal of Economics, 2000, 115（4）：1091 - 1135.

［3］马洪福, 郝寿义. 要素禀赋异质性、技术进步与全要素生产率增长——基于28个省市数据的分析 ［J］. 经济问题探索, 2018（2）：39 - 48.

［4］蔡昉. 中国经济增长如何转向全要素生产率驱动型 ［J］. 中国社会科学, 2013（1）：56 - 71 + 206.

［5］黄彦震, 侯瑞. 高质量发展下"创新困境"的机制创新 ［J］. 经济体制改革, 2019（6）：185 - 190.

［6］Islam, N., Dai, E., Sakamoto, H.. Role of TFP in China's Growth ［J］. American Economic Journal, 2006, 20（2）：127 - 159.

［7］赵昌文, 许召元, 朱鸿鸣. 工业化后期的中国经济增长新动力 ［J］. 中国工业经济, 2015（6）：44 - 54.

［8］叶祥松, 刘敬. 异质性研发、政府支持与中国科技创新困境 ［J］. 经济研究, 2018, 53（9）：116 - 132.

［9］Grossman, G., Helpman, H.. Comparative Advantage and Long Run Growth ［J］. American Economic Review, 1990, 80（4）：796 - 815.

［10］Rosenberg，N.．Innovation and Economic Growth［M］．Centre for Economic Performance，2006：1127 – 1134.

［11］程惠芳，陈超．开放经济下知识资本与全要素生产率——国际经验与中国启示［J］．经济研究，2017，52（10）：21 – 36.

［12］Faggian，A.，Mccann，P.．Universities，Agglomerations and Graduate Human Capital Mobility［J］．Tijdschrift Voor Economische en Sociale Geografie，2009，100（2）：210 – 223.

［13］Collings D. G.，Mellahi K.．Strategic Talent Management：A Review and Research Agenda［J］．Human Resources Management Review，2009，19（4）：304 – 313.

［14］孙文浩，张益丰．城市抢"人"大战有利于地区新旧动能转换吗？［J］．科学学研究，2019，37（7）：1220 – 1230.

［15］金碚．关于"高质量发展"的经济学研究［J］．中国工业经济，2018（4）：5 – 18.

［16］辜胜阻．高质量发展要让创新要素活力竞相迸发［J］．经济研究，2019（10）：7 – 9.

［17］张斯琴，张璞．创新要素集聚、公共支出对城市生产率的影响——基于京津冀蒙空间面板的实证研究［J］．华东经济管理，2017，31（11）：65 – 70.

［18］马茹，张静，王宏伟．科技人才促进中国经济高质量发展了吗？——基于科技人才对全要素生产率增长效应的实证检验［J］．经济与管理研究，2019，40（5）：3 – 12.

［19］楚尔鸣，曹策．人才流动缩小了区域经济差距吗——来自技术转移的经验证据［J］．财经科学，2019（9）：99 – 112.

［20］陈海波，刘洁．我国工业企业 R&D 状况的区域比较分析［J］．中国软科学，2008（1）：88 – 95.

［21］王一鸣．大力推动我国经济高质量发展［J］．人民论坛，2018（9）：32 – 34.

［22］卓乘风，邓峰．创新要素流动与区域创新绩效——空间视角下政府调节作用的非线性检验［J］．科学学与科学技术管理，2017，38（7）：15－26．

［23］李婧，产海兰．空间相关视角下 R&D 人员流动对区域创新绩效的影响［J］．管理学报，2018，15（3）：399－409．

［24］Li H. C.，Lee W. C.，Ko B. T.．What Determines Misallocation in Innovation? A Study of Regional Innovation in China［J］．Journal of Macroeconomics，2017（52）：221－237．

［25］郭淑芬，张俊．中国31个省市科技创新效率及投入冗余比较［J］．科研管理，2018，39（4）：55－63．

［26］陈云贤．中国特色社会主义市场经济：有为政府＋有效市场［J］．经济研究，2019，54（1）：4－19．

［27］Chang，H. J.，Cheema，A.．Conditions for Successful Technology in Developing Countries［J］．Economics of Innovation and New Technology，2002，11（5）：369－398．

［28］杨立岩，潘慧峰．人力资本、基础研究与经济增长［J］．经济研究，2003（4）：72－78＋94．

［29］郑尚植，赵雪．高质量发展究竟靠谁来推动：有为政府还是有效市场？——基于面板门槛模型的实证检验［J］．当代经济管理，2020（1）：1－12．

［30］Schumpeter，J. A.．The Creative Response in Economic History［J］．Journal of Economic History，1947，7（2）：149－159．

［31］Drucker，P. F.．The Discipline of Innovation［J］．Harvard Business Review，2002，80（8）：95－103．

［32］Freeman，C.．The Economics of Industrical Innovation［M］．London：Frances Pinter，1982．

［33］Porter，M.．The Competitive Advantage of Nations［J］．Competitive Intelligence Review，1990，1（1）：427．

［34］ Marshall, A.. Principles of Economics ［M］. London：Macmillan, 1890.

［35］ 韦伯. 工业区位论 ［M］. 李刚剑, 陈志人, 张英保, 译. 北京：商务印书馆, 2009.

［36］ Jacobs, J.. The Economy of Cities ［M］. New York：Random House, 1969.

［37］ Glaeser, Edward L., Kallal, Hedi D., Scheinkman, José A., et al. Growth in Cities ［J］. Journal of Political Economy, 1992, 100 （6）：1126 - 1152.

［38］ Krugman, P.. Geography and Trade ［M］. Cambridge, MA：MIT Press, 1991.

［39］ Duranton, G., Puga, D.. Micro - Foundations of Urban Agglomeration Economies ［J］. Social Science Electronic Publishing, 2003, 4 （4）：2063 - 2117.

［40］ Solow, R. M.. Technical Change and the Aggregate Production Function ［J］. Review of Economics and Statistics, 1957, 39 （3）.

［41］ Romer, P. M.. Endogenous Technological Change ［J］. Journal of Political Economy, 1990, 98 （5）：71 - 102.

［42］ Lucas, R. E.. On the Mechanics of Economic Development ［J］. Journal of Monetary Economics, 1989, 22 （1）：3 - 42.

［43］ Basu, S., Weil, D. N.. Appropriate Technology and Growth ［J］. Quarterly Journal of Economics, 1998, 113 （4）：1025 - 1054.

［44］ Acemoglu, D., Zilibotti, F.. Productivity Differences ［J］. Quarterly Journal of Economics, 2001, 116 （2）：563 - 606.

［45］ 林毅夫, 张鹏飞. 后发优势、技术引进和落后国家的经济增长 ［J］. 经济学 （季刊）, 2005 （4）：53 - 74.

［46］ 苗敬毅, 闫绪娴. 中国省域全要素生产率测度中的门限效应研究 ［J］. 山西财经大学学报, 2014, 36 （10）：11 - 23.

［47］Färe，R.，Grosskopf，S.，Lovell，C. A. K.．Production Frontier ［M］．Cambridge：Cambridge University Press，1994.

［48］Olley，G. S.，Pakes，A.．The Dynamics of Productivity in the Telecommunications Equipment ［J］．Econometrica，1996，64（6）：1263－1297.

［49］Levinsohn，J.，Petrin，A.．Estimating Production Functions Using Inputs to Control for Unobservables ［J］．The Review of Economic Studies，2003，70（2）：317－341.

［50］王兵，吴延瑞，颜鹏飞．中国区域环境效率与环境全要素生产率增长［J］．经济研究，2010，45（5）：95－109.

［51］Cook，W. D.，Tone，K.，Zhu，J.．Data Envelopment Analysis：Prior to Choosing a Model ［J］．Omega，2014（44）：1－4.

［52］李平，钟学义，王宏伟，郑世林．中国生产率变化与经济增长源泉：1978~2010 年 ［J］．数量经济技术经济研究，2013，30（1）：3－21.

［53］董敏杰，梁泳梅．1978~2010 年的中国经济增长来源：一个非参数分解框架 ［J］．经济研究，2013，48（5）：17－32.

［54］刘华军，李超，彭莹，贾文星．中国绿色全要素生产率增长的空间不平衡及其成因解析 ［J］．财经理论与实践，2018，39（5）：116－121.

［55］Kendrick，J. W.．Productivity Trends in The United States ［M］．New Jersey：Princeton University Press，1961.

［56］Kumbhakar，S. C.．Stochastic Frontier Analysis ［M］．MA：Cambridge University Press，2000.

［57］余泳泽，刘冉，杨晓章，等．我国产业结构升级对全要素生产率的影响研究 ［J］．产经评论，2016，7（4）：45－58.

［58］江永红，陈燊楠．产业结构服务化对全要素生产率增速的影响机理 ［J］．改革，2018（5）：87－96.

［59］孙学涛，王振华，张广胜．全要素生产率提升中的结构红利及其空间溢出效应［J］．经济评论，2018（3）：46 - 58．

［60］杨浩昌，李廉水，刘军．产业聚集与中国城市全要素生产率［J］．科研管理，2018，39（1）：83 - 94．

［61］Hashiguchi, Y. , Tanaka, K. . Agglomeration and Firm - level Productivity：A Bayesian Spatial Approach［J］. Papers in Regional Science, 2014, 94（S1）：S95 - S114.

［62］CiesLik, A. , Gauger, I. , Michalek, J. J. . Agglomeration Externalities, Competition and Productivity：Empirical Evidence from Firms Located in Ukraine［J］. The Annals of Regional Science, 2018, 60（1）：213 - 233.

［63］Jiaochen, L. , Goetz, S. J. . Technology Intensity and Agglomeration Economies［J］. Research Policy, 2018（6）：1990 - 1995.

［64］刘玉浩，池仁勇，施佐利．产业协同集聚对制造业效率的影响研究［J］．上海管理科学，2018，40（5）：97 - 101．

［65］Aiello, F. , Cardamone, P. . R&D Spillovers and Firms' Performance in Italy Evidence from a Flexible Production Function［M］. Spatial Econometrics, 2009.

［66］Bloch, C. . R&D Spillovers and Productivity：An Analysis of Geographical and Technological Dimensions［J］. Economics of Innovation and New Technology, 2013, 22（5）：447 - 460.

［67］余泳泽，张先轸．要素禀赋、适宜性创新模式选择与全要素生产率提升［J］．管理世界，2015（9）：13 - 31 + 187．

［68］方文中，罗守贵．自主研发与技术引进对全要素生产率的影响——来自上海高新技术企业的实证［J］．研究与发展管理，2016，28（1）：1 - 9．

［69］程晨．技术创新溢出与企业全要素生产率——基于上市公司的实证研究［J］．经济科学，2017（6）：72 - 86．

［70］Aoki, S. . A Simple Accounting Framework for the Effect of Resource

Misallocation on Aggregate Productivity［R］. MPRA Working Paper, 2008.

［71］Hsieh, C. T., Klenow, P. J.. Misallocation and Manufacturing TFP in China and India［J］. MPRA Paper, 2007, 124 (4): 1403 – 1448.

［72］孙晓华, 王昀. R&D 投资与企业生产率——基于中国工业企业微观数据的 PSM 分析［J］. 科研管理, 2014, 35 (11): 92 – 99.

［73］Bengoa, M., Martinez – San Roman V., Perez, P.. Do R&D Activities Matter for Productivity? A Regional Spatial Approach Assessing the Role of Human and Social Capital［J］. Economic Modelling, 2017, 60 (3): 448 – 461.

［74］焦翠红, 陈钰芬. R&D 资源配置、空间关联与区域全要素生产率提升［J］. 科学学研究, 2018, 36 (1): 81 – 92.

［75］Glaeser, E. L., Matthew, G.. The Complementarity between Cities and Skills［J］. Journal of Regional Science, 2010, 50 (1): 221 – 244.

［76］Harvey, W. S., Groutsis, D.. Dimitria. Reputation and Talent Mobility in the Asia Pacific［J］. Asia Pacific Journal of Human Resources, 2014, 53 (1): 22 – 40.

［77］廖诺, 张紫君, 李建清, 等. 基于 C – C – E 链的人才集聚对经济增长的贡献测度［J］. 人口与经济, 2016 (5): 74 – 83.

［78］贺勇, 廖诺, 张紫君. 我国省际人才集聚对经济增长的贡献测算［J］. 科研管理, 2019, 40 (11): 247 – 256.

［79］Ciccone, A., Hall, R. E.. Productivity and the Density of Economic Activity［J］. American Economic Review, 1996 (86): 54 – 70.

［80］Ciccone, A.. Agglomeration Effects in Europe［J］. European Economic Review, 2002, 46 (2): 213 – 227.

［81］刘兵, 胡中韬, 梁林. 人才聚集对社会平均生产率的影响研究［J］. 科研管理, 2019, 40 (8): 224 – 233.

［82］张波. 2000 年代以来中国省际人才的时空变动分析［J］. 人口与经济, 2019 (3): 91 – 101.

［83］Henderson，J. V.. Will Homeowners Impose Property Taxes？［J］. Regional Science and Urban Economics，1995，25（2）：153 – 181.

［84］孙海波，焦翠红，林秀梅. 人力资本集聚对产业结构升级影响的非线性特征——基于 PSTR 模型的实证研究［J］. 经济科学，2017（2）：5 – 17.

［85］张美丽，李柏洲. 中国人才集聚时空格局及影响因素研究［J］. 科技进步与对策，2018，35（22）：38 – 44.

［86］卓乘风，艾麦提江·阿布都哈力克，白洋，邓峰. 创新要素集聚对区域创新绩效的非线性边际效应演化分析［J］. 统计与信息论坛，2017，32（10）：84 – 90.

［87］Florida，R.. The Economic Geography of Talent［J］. Annals of the Association of American Geographers，2002，92（4）：743 – 755.

［88］Karahasan，B. C.，Lo'pez – Bazo，E.. The Spatial Distribution of Human Capital：Can It Really Be Explained by Regional Differences in Market Access？［J］. International Regional Science Review，2013，36（4）：451 – 480.

［89］陶长琪，周璇. 要素集聚下技术创新与产业结构优化升级的非线性和溢出效应研究［J］. 当代财经，2016（1）：83 – 94.

［90］赖一飞，覃冰洁，雷慧，李克阳. "中三角"区域省份创新要素集聚与经济增长的关系研究［J］. 科技进步与对策，2016，33（23）：32 – 39.

［91］冯南平，周元元，司家兰，陈思宇. 我国区域创新要素集聚水平及发展重点分析［J］. 华东经济管理，2016，30（9）：80 – 87.

［92］童玉芬，刘晖. 京津冀高学历人口的空间集聚及影响因素分析［J］. 人口学刊，2018，40（3）：5 – 17.

［93］王若宇，薛德升，刘晔，黄旭. 基于空间杜宾模型的中国高学历人才时空分异研究［J］. 世界地理研究，2019，28（4）：134 – 143.

［94］刘晔，曾经元，王若宇，詹佩瑜，潘卓林. 科研人才集聚对中

国区域创新产出的影响［J］. 经济地理，2019，39（7）：139-147.

［95］徐倪妮，郭俊华. 科技人才流动的宏观影响因素研究［J］. 科学学研究，2019，37（3）：414-421+461.

［96］Lawton P.，Murphy E.，Redmond D.. Residential Preferences of the Creative Class?［J］. Cities，2013（31）：47-56.

［97］陈得文，苗建军. 人力资本集聚、空间溢出与区域经济增长——基于空间过滤模型分析［J］. 产业经济研究，2012（4）：54-62+88.

［98］符建华，张世颖. 人力资本、市场化对产业结构升级影响的实证分析［J］. 统计与决策，2019，35（21）：105-107.

［99］Ahrend，R.，Farchy，E.，Kaplanis，I.，et al. What Makes Cities More Productive? Agglomeration Economies and the Role of Urban Governance：Evidence from 5 OECD Countries［R］. OECD Productivity Working Papers，2017.

［100］Francis，I.，Doucouliagos，C.. Human Capital Formation and US Economic Growth：A Causality Analysis［J］. Applied Economics Letters，2000，4（5）：329-331.

［101］Thomas，G. R.. 人力资源与中国长期经济增长［J］. 经济学（季刊），2011（4）：1153-1185.

［102］牛冲槐，田莉，郭丽芳. 科技型人才聚集对区域经济增长收敛的影响分析［J］. 技术经济与管理研究，2010（2）：63-66.

［103］刘璇，张向前. 适应创新驱动的中国科技人才与经济增长关系研究［J］. 经济问题探索，2015（10）：61-67.

［104］Hsieh，C. T.，Hurst，E.，Jones，C. I.，et al. The Allocation of Talent and U. S. Economic Growth［J］. Econometrica，2019，87（5）：1439-1474.

［105］Williamson，J.，Jeffrey，G.. Regional Inequality and the Process of National Development：A Description of the Patterns［J］. Economic Development and Cultural Change，1965，13（4）：1-84.

［106］Brülhart, M., Sbergami, F.. Agglomeration and Growth: Cross - country Evidence ［J］. Journal of Urban Economics, 2009, 65 (1): 48 - 63.

［107］刘兵, 曾建丽, 梁林, 牛楠. 京津冀经济发展的动力源泉: 科技人才集聚的关键影响［J］. 科技管理研究, 2018, 38 (3): 120 - 126.

［108］王静文, 王明雁. 中国劳动力空间集聚对经济增长的影响［J］. 经济与管理研究, 2019, 40 (3): 86 - 106.

［109］Aghion, H. P.. Capital Accumulation and Innovation as Complementary Factors in Long - Run Growth ［J］. Journal of Economic Growth, 1998, 3 (2): 111 - 130.

［110］Subotnik, R. F., Rickoff, R.. Should Eminence Based on Outstanding Innovation Be the Goal of Gifted Education and Talent Development? ［J］. Implications for Policy and Research, 2010, 20 (4): 358 - 364.

［111］Benhabib, J., Spiegel, M. M.. The Role of Human Capital in Economic Development Evidence from Aggregate Cross - country Data ［J］. Journal of Monetary Economics, 1994, 34 (2): 143 - 173.

［112］赵淑渊, 牛冲槐, 黄娟. 科技型人才聚集效应与区域创新能力研究［J］. 科技管理研究, 2012, 32 (14): 169 - 173.

［113］杜伟, 杨志江, 夏国平. 人力资本推动经济增长的作用机制研究［J］. 中国软科学, 2014 (8): 173 - 183.

［114］孙鲁云, 何剑. 自主研发、技术引进与区域创新发展——基于人力资本视角的实证考察［J］. 工业技术经济, 2017, 36 (9): 130 - 136.

［115］纪雯雯, 赖德胜. 人力资本结构与创新［J］. 北京师范大学学报 (社会科学版), 2016 (5): 169 - 181.

［116］葛立宇. 要素市场扭曲、人才配置与创新强度［J］. 经济评论, 2018 (5): 31 - 44.

［117］徐彬, 吴茜. 人才集聚、创新驱动与经济增长［J］. 软科学, 2019, 33 (1): 19 - 23.

［118］孙红军, 张路娜, 王胜光. 科技人才集聚、空间溢出与区域技

术创新——基于空间杜宾模型的偏微分方法〔J〕. 科学学与科学技术管理，2019，40（12）：58－69.

〔119〕谭莹，李昕. 人才配置、创新与经济增长：理论与实证〔J〕. 财贸研究，2019，30（9）：29－42.

〔120〕邓智团，宁越敏. 要素集聚、技术进步与城市生产率——基于长三角16个城市的实证研究〔J〕. 南京社会科学，2011（2）：7－14.

〔121〕邹文杰. 研发要素集聚、投入强度与研发效率——基于空间异质性的视角〔J〕. 科学学研究，2015，33（3）：390－397.

〔122〕Yasser，A.，Frederic. Relating the Knowledge Production Function to Total Factor Productivity：An Endogenous Growth Puzzle〔J〕. International Monetary Fund，2006，53（2）：242－271.

〔123〕Florida，R.，Mellander，C.，Stolarick，K.. Inside the Black Box of Regional Development－Human Capital，the Creative Class and Tolerance〔J〕. Social Science Electronic Publishing，2008，8（5）：615－649.

〔124〕洪进，余文涛，赵定涛. 创意阶层空间集聚与区域劳动生产率差异——基于中国省际面板数据的分析〔J〕. 财经研究，2011，37（7）：92－102.

〔125〕Oliver，M. M.. Population Aging and Economic Growth in the United States and Japan，Dissertation & Theses－Grad－Words〔D〕. The University of Texas at San Antonio，2015.

〔126〕修国义，韩佳璇，陈晓华. 科技人才集聚对中国区域科技创新效率的影响——基于超越对数随机前沿距离函数模型〔J〕. 科技进步与对策，2017，34（19）：36－40.

〔127〕Otsuka，Akihiro. Dynamics of Agglomeration，Accessibility，and Total Factor Productivity：Evidence from Japanese Regions〔J〕. Economics of Innovation and New Technology，2017（1）：1－17.

〔128〕王春杨，孟卫东. 基础研究投入与区域创新空间演进——基于集聚结构与知识溢出视角〔J〕. 经济经纬，2019，36（2）：1－8.

［129］王启超，王兵，彭睿．人才配置与全要素生产率——兼论中国实体经济高质量增长［J］．财经研究，2020，46（1）：64-78.

［130］裴玲玲．科技人才集聚与高技术产业发展的互动关系［J］．科学学研究，2018，36（5）：813-824.

［131］Caselli, F., John, W. C.. The World Technology Frontier［J］. American Economic Review, 2006, 96（3）：499-522.

［132］孙海波，林秀梅．异质型人力资本与产业结构升级关系的动态演变［J］．统计与信息论坛，2018，33（4）：58-66.

［133］邓俊荣，龙蓉蓉．异质型人力资本对区域经济增长作用机制研究［J］．科研管理，2017，38（12）：116-121.

［134］Florida, R.. The Rise of the Creative Class［M］. New York：BascBooks, 2002.

［135］王猛，宣烨，陈启斐．创意阶层集聚、知识外部性与城市创新——来自20个大城市的证据［J］．经济理论与经济管理，2016（1）：59-70.

［136］张波．2000~2015年中国大陆人才的空间聚集及时空格局演变分析［J］．世界地理研究，2019，28（4）：124-133.

［137］任飚，陈安．论创新型人才及其行为特征［J］．教育研究，2017，38（1）：149-153.

［138］陈建新，陈杰，刘佐菁．国内外创新人才最新政策分析及对广东的启示［J］．科技管理研究，2018，38（15）：59-67.

［139］王欣亮，刘飞．创新要素空间配置促进产业结构升级路径研究［J］．经济体制改革，2018（6）：51-56.

［140］马茹，王宏伟．科技人才红利与中国区域经济增长［J］．广东社会科学，2019（2）：40-48.

［141］王士红．人力资本与经济增长关系研究新进展［J］．经济学动态，2017（8）：124-134.

［142］Fujita, M., Krugman, P., Venable, A.. The Spatial Economy：

City，Regions and International Trade［M］．MA：The MIT Press，1999.

［143］Giannetti，M..Skill Complementarities and Migration Decisions
［J］．Labour，2001，15（1）：1 - 31.

［144］朱杏珍.浅论人才集聚机制［J］.商业研究，2002（15）：
65 - 67.

［145］Michael，S.，Venables，A.J..Buzz：Face - to - Face Contact
and the Urban Economy［J］．Journal of Economic Geography，2003，4（4）：
351 - 370.

［146］Couture，V..Knowledge Spillovers in Cities：An Auction Approach
［J］．Journal of Economic Theory，2015（157）：668 - 698.

［147］牛冲槐，接民，张敏，段治平，李刚.人才聚集效应及其评判
［J］.中国软科学，2006（4）：118 - 123.

［148］孙健，尤雯.人才集聚与产业集聚的互动关系研究［J］.管
理世界，2008（3）：177 - 178.

［149］张治河，郭星，易兰.经济高质量发展的创新驱动机制［J］.
西安交通大学学报（社会科学版），2019，39（6）：39 - 46

［150］余泳泽，刘大勇.创新要素集聚与科技创新的空间外溢效应
［J］.科研管理，2013，34（1）：46 - 54.

［151］孔海涛，于庆瑞，张小鹿.环境规制、经济集聚与城市生产率
［J］.经济问题探索，2019（1）：75 - 87.

［152］Andersson，M.，Klaesson，J.，Larsson，J.P..The Sources of
the Urban Wage Premium by Worker Skills：Spatial Sorting or Agglomeration E-
conomies？［J］．Papers in Regional Science，2013，93（4）：727 - 747.

［153］张先锋，叶晨，陈永安.人口集聚对城市生产率的影响［J］.
城市问题，2018（3）：57 - 65.

［154］Richardson，G.B..Competition，Innovation and Increasing Returns
［J］．Economics of Innovation & New Technology，1998，9（2）：149 - 181.

［155］刘和东.国内市场规模与创新要素集聚的虹吸效应研究［J］.

科学学与科学技术管理，2013，34（7）：104－112.

［156］李敏，郭群群，雷育胜. 科技人才集聚与战略性新兴产业集聚的空间交互效应研究［J］. 科技进步与对策，2019，36（22）：67－73.

［157］罗永泰，张威. 论人力资本聚集效应［J］. 科学管理研究，2004（1）：81－84.

［158］徐茜，张体勤. 基于城市环境的人才集聚研究［J］. 中国人口·资源与环境，2010，20（9）：171－174.

［159］Krugman，P.. Space：The Final Frontier［J］. Journal of Economic Perspectives，1998，12（2）：161－174.

［160］田荣华. 贸易开放、国内市场化进程与资源误置——基于系统GMM的经验研究［J］. 中南财经政法大学学报，2015（2）：103－109＋118.

［161］杨思莹. 政府在创新驱动发展中的职能与行为研究［D］. 吉林大学，2019.

［162］焦翠红. 我国R&D资源配置与全要素生产率提升研究［D］. 吉林大学，2017.

［163］李政，杨思莹. 创新活动中的政府支持悖论：理论分析与实证检验［J］. 经济科学，2018（2）：88－100.

［164］Whittington，K. B.，Owen－Smith，J.，Powell，W.. Networks，Propinquity，and Innovation in Knowledge－Intensive Industries［J］. Administrative Science Quarterly，2009，54（1）：90－122.

［165］Henderson，R. M.，Jaffe，A.，Trajtenberg，M.. Geographic Localization of Knowledge Spillovers as Evidenced by Patent Citations［J］. Quarterly Journal of Economics，1993，108（3）：577－598.

［166］宋林，郭玉晶. 创新驱动发展战略下中国技术进步的路径选择［J］. 经济学家，2016（4）：63－70.

［167］Mathews，J. A.，Zander，I.. The International Entrepreneurial Dynamics of Accelerated Internationalisation［J］. Journal of International Business Studies，2007，38（3）：387－403.

［168］许岩，尹希果．技术选择："因势利导"还是"适度赶超"？〔J〕．数量经济技术经济研究，2017，34（8）：55－71．

［169］Cinnirella，F.，Streb，J..The Role of Human Capital and Innovation in Economic Development：Evidence from Post－Malthusian Prussia〔J〕．Journal of Economic Growth，2017，22（2）：193－227．

［170］吉亚辉，祝凤文．技术差距、"干中学"的国别分离与发展中国家的技术进步〔J〕．数量经济技术经济研究，2011，28（4）：49－63．

［171］张宽，黄凌云．贸易开放、人力资本与自主创新能力〔J〕．财贸经济，2019，40（12）：112－127．

［172］任保平，何苗．我国新经济高质量发展的困境及其路径选择〔J〕．西北大学学报（哲学社会科学版），2020，50（1）：40－48．

［173］Caragliu，A.，Nijkamp，P..The Impact of Regional Absorptive Capacity on Spatial Knowledge Spillovers：The Cohen and Levinthal Model Revisited〔J〕．Applied Economics，2012，44（11）：1363－1374．

［174］姚凯，寸守栋．区域辐射中心人才集聚指数与辐射力关系研究〔J〕．经济理论与经济管理，2019（6）：16－26．

［175］陈培阳，朱喜钢．中国区域经济趋同：基于县级尺度的空间马尔可夫链分析〔J〕．地理科学，2013，33（11）：1302－1308．

［176］陶晓红，齐亚伟．中国区域经济时空演变的加权空间马尔可夫链分析〔J〕．中国工业经济，2013（5）：31－43．

［177］蒲英霞，马荣华，葛莹，黄杏元．基于空间马尔可夫链的江苏区域趋同时空演变〔J〕．地理学报，2005，60（5）：817－826．

［178］张虎，周迪．创新价值链视角下的区域创新水平地区差距及趋同演变——基于 Dagum 基尼系数分解及空间 Markov 链的实证研究〔J〕．研究与发展管理，2016，28（6）：48－60．

［179］郭淑芬，郭金花，赵国浩．县域创新水平时空跃迁路径与趋同演化规律分析——基于山西省县级尺度专利数据的证据〔J〕．科技进步与对策，2019，36（4）：50－57．

［180］Young, A.. The Tyranny of Numbers: Confronting the Statistical Realities of the East Asian Growth Experience ［J］. Quarterly Journal of Economics, 1995 （10）: 641 – 680.

［181］李卫兵, 涂蕾. 中国城市绿色全要素生产率的空间差异与收敛性分析 ［J］. 城市问题, 2017 （9）: 55 – 63.

［182］Chung, Y. H. , Färe, R. , Grosskopf, S.. Productivity and Undesirable Outputs: A Directional Distance Function Approach ［J］. Microeconomics, 1997, 51 （3）: 229 – 240.

［183］Fukuyama, H. , Weber, W. L.. A Directional Slack – Based Measure of Technical Inefficitional ［J］. Socio – Economic Planning Science, 2009, 43 （4）: 274 – 287.

［184］Tone, K.. A Slack – based Measure of Efficiency in Data Envelopment Analysis ［J］. European Journal of Operational Research, 2001, 130 （3）: 498 – 509.

［185］Oh, D. H.. A Global Malmquist – Luenberger Productivity Index ［J］. Journal of Productivity Analysis, 2010, 34 （3）: 183 – 197.

［186］陈阳, 唐晓华. 制造业集聚对城市绿色全要素生产率的溢出效应研究——基于城市等级视角 ［J］. 财贸研究, 2018, 29 （1）: 1 – 15.

［187］郭淑芬, 郭金花. "综改区" 设立、产业多元化与资源型地区高质量发展 ［J］. 产业经济研究, 2019 （1）: 87 – 98.

［188］单豪杰. 中国资本存量 K 的再估算: 1952 ~ 2006 年 ［J］. 数量经济技术经济研究, 2008, 25 （10）: 17 – 31.

［189］朱承亮, 师萍, 安立仁. 人力资本及其结构与研发创新效率——基于 SFA 模型的检验 ［J］. 管理工程学报, 2012, 26 （4）: 58 – 64.

［190］Ning, L. , Wang, F. , Li, J.. Urban Innovation, Regional Externalities of Foreign Direct Investment and Industrial Agglomeration: Evidence from Chinese Cities ［J］. Research Policy, 2016 （40）: 368 – 379.

［191］芮雪琴, 蒋媛卉, 牛冲槐. 科技型人才聚集中知识共享行为的

博弈分析［J］. 情报科学，2015，33（3）：141 – 145 + 151.

［192］Baldwin, R. E., Okubo, T.. Heterogeneous Firms, Agglomeration and Economic Geography: Spatial Selection and Sorting［J］. Journal of Economic，2006，6（3）：323 – 346.

［193］Melo, P. C., Graham, D. J., Noland R. B.. A Meta – Analysis of Estimates of Urban Agglomeration Economies［J］. Regional Science & Urban Economics，2009，39（3）：332 – 342.

［194］张宓之，朱学彦，梁偲，汤临佳. 创新要素空间集聚模式演进机制研究——多重效应的空间较量［J］. 科技进步与对策，2016，33（14）：10 – 16.

［195］刘军，周绍伟. 人力资本承载力与有效人才流动［J］. 管理世界，2004（8）：139 – 140.

［196］李培园，成长春，严翔. 科技人才流动与经济高质量发展互动关系研究——以长江经济带为例［J］. 科技进步与对策，2019，36（19）：131 – 136.

［197］孙久文，李姗姗，张和侦. "城市病"对城市经济效率损失的影响——基于中国 285 个地级市的研究［J］. 经济与管理研究，2015（3）：54 – 62.

［198］刘修岩. 产业集聚的区域经济增长效应研究［M］. 北京：经济科学出版社，2017.

［199］Curran, J., Blackburn, R.. Small Firms and Local Economic Networks: The Death of the Local Economy?［Z］. 1994.

［200］张明志，余东华. 服务业集聚对城市生产率的贡献存在拐点吗？——来自中国 275 个地级及以上城市的证据［J］. 经济评论，2018（6）：15 – 27.

［201］邵帅，张可，豆建民. 经济集聚的节能减排效应：理论与中国经验［J］. 管理世界，2019，35（1）：36 – 60 + 226.

［202］林伯强，谭睿鹏. 中国经济集聚与绿色经济效率［J］. 经济

研究，2019，54（2）：119 – 132.

[203] 李婧，谭清美，白俊红. 中国区域创新生产的空间计量分析——基于静态与动态空间面板模型的实证研究 [J]. 管理世界，2010 (7)：43 – 55 + 65.

[204] LeSage, J., Pace, K.. Spatial Econometric Modeling of Origin Detination Flows [J]. Journal of Regional Science, 2008, 48 (5)：941 – 967.

[205] 李晓阳，赵宏磊，林恬竹. 要素流动究竟是"结构红利"还是"结构负利"？[J]. 经济与管理评论，2018，34（4）：57 – 67.

[206] Helena, N. R., Tanjam. Intellectual Capital in the Hotel Industry：A Case Study for Slovenia [J]. International Journal of Hospitality Management, 2007, 26 (1)：188 – 199.

[207] 张三保，曹锐. 中国城市营商环境的动态演进、空间差异与优化策略 [J]. 经济学家，2019（12）：78 – 88.

[208] 王静文，王明雁. 我国劳动力集聚红利：区际异质性与区间辨识 [J]. 云南财经大学学报，2019，35（6）：22 – 36.

[209] 洪银兴. 关键是厘清市场与政府作用的边界——市场对资源配置起决定性作用后政府作用的转型 [J]. 红旗文稿，2014（3）：1 + 4 – 9.

[210] 方军雄. 所有制、市场化进程与资本配置效率 [J]. 管理世界，2007（11）：27 – 35.

[211] 李明珊，孙晓华，孙瑞. 要素市场化、结构调整与经济效率 [J]. 管理评论，2019，31（5）：40 – 52.

[212] 李善同，侯永志，刘云中，陈波. 中国国内地方保护问题的调查与分析 [J]. 经济研究，2004（11）：78 – 84 + 95.

[213] Ryzhenkov, M.. Resource Misallocation and Manufacturing Productivity：The Case of Ukraine [J]. Journal of Comparative Economics, 2016, 44 (1)：41 – 55.

[214] Thi, T. H. D., Kiyota, K., Yamanouchi, K.. Misallocation and Productivity：The Case of Vietnamese Manufacturing [J]. Asian Develop-

ment Review，2016，33（2）：94 – 118.

［215］谢贤君. 要素市场扭曲如何影响绿色全要素生产率——基于地
级市经验数据研究［J］. 财贸研究，2019，30（6）：36 – 46.

［216］Szczygielski，K.，Grabowski，W.，Pamukcu，M. T.，Tan-
dogan，V. S.. Does Government Support for Private Innovation Matter? Firm –
Level Evidence from Two Catching – up Countries［J］. Research Policy，2017
（46）：219 – 237.

［217］Hansen，B.. Threshold Effects in Non – Dynamic Panels：Estima-
tion，Testing，and Inference［J］. Journal of Economics，1999，93（2）：
345 – 368.

［218］杨玲，许传龙. 分类型研发投资对全要素生产率的影响——基
于长江经济带 11 省市的实证分析［J］. 云南财经大学学报，2016，32
（1）：72 – 80.

［219］Bakay，A.，Elkassabgi，A.，Moqbel，M.. Resource Allocation，
Level of International Diversification and Firm Performance［J］. International
Journal of Business and Management，2011，6（12）：87 – 93.

［220］彭伟辉. 异质性创新人力资本对企业价值链的影响——基于我
国制造业上市公司的实证检验［J］. 财经科学，2019（4）：120 – 132.

［221］Fischer，M. M.，Varga，A.. Spatial Knowledge Spillovers and U-
niversity Research：Evidence from Austria［J］. The Annals of Regional Sci-
ence，2003，37（2）：303 – 322.

［222］Anselin，L.，Varga，A.，Acs，Z.. Local Geographic Spillovers
between University Research and High Technology Innovations［J］. Journal of
Urban Economics，2005，42（3）：422 – 448.

［223］Braunerhjelm. P.，Ding，D.，Thulin，P.. The Knowledge Spill-
over Theory of Intrapreneurship［J］. Small Business Economics，2017，51
（4）：1 – 30.

［224］Fukugawa，N.. Knowledge Spillover from University Research before the National Innovation System Reform in Japan： Localisation， Mechanisms，and Intermediaries ［J］． Asian Journal of Technology Innovation，2016，24（1）：100 - 122.

［225］吴卫红，杨婷，张爱美． 高校创新要素集聚对区域创新效率的溢出效应［J］．科技进步与对策，2018，35（11）：46 - 51.

［226］王文，孙早． 基础研究还是应用研究：谁更能促进 TFP 增长——基于所有制和要素市场扭曲的调节效应分析［J］．当代经济科学，2016，38（6）：23 - 33 + 123.

［227］Clarysse，B.，Wright，M.，Mustar，P.．Behavioural Additionality of R&D Subsidies：A Learning Perspective ［J］．Research Policy，2009，38（10）：1517 - 1533.

［228］Henard，D. H.，Mcfadyen，M. A.．The Complementary Roles of Applied and Basic Research：A Knowledge - based Perspective ［J］．Journal of Product Innovation Management，2005，22（6）：503 - 514.

［229］Yigitcanlar，T.，Edvardsson，I. R.，Johannesson，H.，et al. Knowledge - based Development Dynamics in Less Favoured Regions：Insights from Australian and Icelandic University Towns ［J］．European Planning Studies，2017，25（12）：1 - 21.

［230］Panne，G. V. D.．Agglomeration Externalities：Marshall Versus Jacobs ［J］．Journal of Evolutionary Economics，2004，14（5）：593 - 604.

［231］Hershberg，E.，Nabeshima，K.，Yusuf，S.．Opening the Ivory Tower to Business：University - Industry Linkages and the Development of Knowledge - Intensive Clusters in Asian Cities ［J］．World Development，2007，35（6）：931 - 940.

［232］王保林，张铭慎． 地区市场化、产学研合作与企业创新绩效［J］．科学学研究，2015，33（5）：748 - 757.

［233］Haynes，K. T.，Hillman，A.．The Effect of Board Capital and CEO Power on Strategic Change ［J］．Strategic Management Journal，2010，

31 (11): 1145 - 1163.

[234] 李政, 杨思莹. 官员激励和政府创新偏好对工业创新效率的影响 [J]. 北京师范大学学报 (社会科学版), 2019 (1): 135 - 146.

[235] Marino, M., Lhuillery, S., Parrotta, P., et al. Additionality or Crowding - out? An Overall Evaluation of Public R&D Subsidy on Private R&D Expenditure [J]. Research Policy, 2016, 45 (9): 1715 - 1730.

[236] Liu X, Li X, Li H. R&D Subsidies and Business R&D: Evidence from High - Tech Manufacturing Firms in Jiangsu [J]. China Economic Review, 2016 (41): 1 - 22.

[237] 余泳泽. 创新要素集聚、政府支持与科技创新效率——基于省域数据的空间面板计量分析 [J]. 经济评论, 2011 (2): 93 - 101.

[238] 余泳泽. 政府支持、制度环境、FDI 与我国区域创新体系建设 [J]. 产业经济研究, 2011 (1): 47 - 55.

[239] Coe, D. T., Helpman, E.. International R&D Spillovers [J]. European Economic Review, 1995, 39 (5): 859 - 887.

[240] Eaton, J., Kortum, S.. Trade in Ideas Patenting and Productivity in the OECD [J]. 1996, 40 (3 - 4): 251 - 278.

[241] Acemoglu, D.. Training and Innovation in an Imperfect Labour Market [J]. The Review of Economic Studies, 1997, 64 (3): 445 - 464.

[242] Fracasso, A., Marzetti, G. V.. International R&D Spillovers, Absorptive Capacity and Relative Backwardness: A Panel Smooth Transition Regression Model [J]. International Economic Journal, 2014, 28 (1): 137 - 160.

[243] Cohen, W., Levinthal, D.. Innovation and Learning: The Two Faces of R&D [J]. The Economic Journal, 1989 (99): 569 - 596.

[244] 李蕾蕾, 黎艳, 齐丹丹. 基础研究是否有助于促进技术进步?——基于技术差距与技能结构的视角 [J]. 科学学研究, 2018, 36 (1): 37 - 48.

[245] 王玺, 张勇. 关于中国技术进步水平的估算——从中性技术进

步到体现式技术进步［J］.中国软科学，2010（4）：155 –163.

［246］孙文杰，沈坤荣.技术引进与中国企业的自主创新：基于分位数回归模型的经验研究［J］.世界经济，2007（11）：32 –43.

［247］唐未兵，傅元海，王展祥.技术创新、技术引进与经济增长方式转变［J］.经济研究，2014，49（7）：31 –43.

［248］李光龙，范贤贤.财政支出、科技创新与经济高质量发展——基于长江经济带 108 个城市的实证检验［J］.上海经济研究，2019（10）：46 –60.

［249］刘志彪.从后发到先发：关于实施创新驱动战略的理论思考［J］.产业经济研究，2011（4）：1 –7.

［250］刘宏，乔晓.创新模式"换角"驱动高质量经济发展［J］.经济问题探索，2019（6）：32 –41.

［251］Moser, P.. Patents and Innovation：Evidence from Economic History［J］. Journal of Economic Perspectives, 2013, 27（1）：23 –44.

［252］Keller, W.. International Technology Diffusion［J］. Journal of Economic Literature, 2004, 40（3）：752 –782.

［253］Sawada, N.. Technology Gap Matters on Spillover［J］. Review of Development Economics, 2010, 14（1）：103 –120.

［254］李光泗，沈坤荣.技术引进方式、吸收能力与创新绩效研究［J］.中国科技论坛，2011（11）：15 –20.

［255］肖利平，谢丹阳.国外技术引进与本土创新增长：互补还是替代——基于异质吸收能力的视角［J］.中国工业经济，2016（9）：75 –92.

［256］胡小娟，董少然.模仿创新、自主创新与我国技术进步——实证研究与问题探讨［J］.管理现代化，2015，35（1）：67 –69.

［257］温忠麟，叶宝娟.中介效应分析：方法和模型发展［J］.心理科学进展，2014，22（5）：731 –745.

［258］Žigic, K.. Strategic Trade Policy, Intellectual Property Rights Protection, and North – South Trade［J］. Journal of Development Economics,

2000，61（1）：27 – 60.

[259] 焦翠红，陈钰芬. R&D 补贴、寻租与全要素生产率提升 [J].
统计研究，2018，35（12）：80 – 91.

[260] Tobler W. R. A Computer Movie Simulating Urban Growth in the De-
troit Region [J] . Economic Geography，1970（46）：234 – 240.

后　记

本书是在我的博士学位论文基础上进行适当修改完善而成的，在研究过程中得到国家自然科学基金青年项目（72102133）、教育部人文社会科学研究青年基金项目（21YJC790040）、山西省"1331"工程山西财经大学工商管理一流学科建设项目（晋财教〔2021〕83号）的联合资助。

执笔至此，意味着我的博士研究生生活即将落下帷幕，书稿的修改也接近尾声。回首博士三年寒窗苦读，曾有过因思路欠缺而陷入瓶颈期的迷茫无助，也有过深刻钻研茅塞顿开后如沐春风般的欣喜若狂。1000多个日日夜夜挑灯夜战，最终化作了这本沉甸甸的学术专著，此刻在深感欣慰的同时，更多的是对帮助过我的所有老师、同学和家人深深的感谢！

首先，衷心地对辛勤培育我的恩师山西财经大学郭淑芬教授表示最诚挚的感谢。很庆幸能够师从郭淑芬教授，回首硕博6年求学生涯，恩师对我倾注了诸多心血，无论是在学业上还是生活上都给予了我很大的帮助。恩师严谨的治学之道为我开启了学术大门，恩师的言传身教教会我许多做人做事的道理。合作发表的每一篇学术论文，都离不开恩师逐字逐句的修改，恩师对选题的斟酌，对文字的把握都让我从中获益匪浅，潜移默化地告诉我科学研究应有的精神。每每静思，一周一次的讨论例会、坐在老师旁边逐字逐句修改论文的情景、暑期外出调研的场景、一起参加各种学术会议……桩桩件件清晰在目，不敢忘怀。恩师为本书从研究选题、思路论证到方法选择都提供了启发性指导。恩师高尚的品德、渊博的学识、严谨的治学态度以及诲人不倦的师者风范是我一生学习的楷模，从老师那里所

200

学、所悟、所得，是我一生的宝贵财富。

其次，非常感谢山西财经大学的赵国浩教授、张所地教授、孙国强教授、冯珍教授和苗敬毅教授对本书写作的指导和帮助。他们深厚的理论涵养、视野开阔的见解、高屋建瓴的学术观点以及丰富的实践经验使我受益匪浅，极大地提高了本书的研究高度与深度。同时，非常感谢校外专家对本书修改和完善提出的宝贵意见。他们分别是美国威斯康星大学密尔沃基分校商学院的岳晓航教授、清华大学的雷家骕教授、深圳大学的钟若愚教授、南开大学的张贵教授、太原理工大学的牛冲槐教授以及中央财经大学的戴宏伟教授。感谢各位老师在书稿撰写及修改过程中给予的指导和把关。

再次，感谢同门师兄师姐及师弟师妹们一路走来对我的帮助、支持与鼓励。特别感谢周喜君师兄、樊贵莲师姐、张曦师姐及夏骐骥师姐，感谢师兄师姐们平日里对我的指导和帮助，在我迷茫、困惑时耐心地听我诉说、为我排忧解难；感谢师门中的裴耀琳博士、张文礼博士以及其他学弟学妹们与我一起成长、共同进步；感谢室友赵敏博士及同班的裴梦丹博士、徐银娜博士、闫昱洁博士、张楠博士、周玲博士、石文萍博士等，感谢一路有你们的温暖相伴，是你们让我的博士生活变得绚丽多彩。感谢在学校遇到的每一位良师益友，是你们给予我青春勇气和不竭动力。

最后，谨以此书献给我挚爱的父母，感谢父母一直在背后全力的支持与无私的付出。很庆幸，出生于普通家庭的我，父母非常重视对我的教育，竭尽所能给我最好的教育。求学二十载，正是父母的默默奉献和全力支持，才让我能够全身心地投入学习；正是父母的关爱与期望，才成为我求学生涯中的坚强后盾与更加刻苦努力的不竭动力。

高质量发展下如何更有效地配置区域内有限的科技人才资源，以促进全要素生产率增长推进经济高质量发展是理论界和实务界需要解决的重要研究议题。然而，限于个人学识浅薄，书中难免纰漏之处，敬请读者谅解与批评指正。

郭金花

2021 年 12 月